U0806637

养老服务理论与实务丛书
主　编　张　瑾　冯建光
副主编　徐宏卓

养老机构应急处理流程手册

刘书函　叶杨漾　编著

華東理工大學出版社
EAST CHINA UNIVERSITY OF SCIENCE AND TECHNOLOGY PRESS
·上海·

图书在版编目(CIP)数据

养老机构应急处理流程手册 / 刘书函，叶杨漾编著
．—上海：华东理工大学出版社，2023.9
（养老服务理论与实务丛书 / 张瑾，冯建光主编）
ISBN 978-7-5628-6802-6

Ⅰ．①养…　Ⅱ．①刘…　②叶…　Ⅲ．①养老院－紧急事件－卫生管理－中国－手册　Ⅳ．①D669.6-62

中国国家版本馆 CIP 数据核字(2023)第 184243 号

内容提要

本书以养老机构应急管理流程为中心，通过借鉴应急管理理论，提出养老机构安全管理机制建设的主要内容和方法对策，为完善养老机构应急管理工作制度、规范应急管理流程、增强突发事件应对工作方法的系统化和科学化、推进养老机构日常应急预案培训及演练的有效性等提供参考借鉴。

策划编辑 / 刘　军
责任编辑 / 孟媛利
责任校对 / 王雪飞
装帧设计 / 徐　蓉
出版发行 / 华东理工大学出版社有限公司
地址：上海市梅陇路 130 号，200237
电话：021-64250306
网址：www.ecustpress.cn
邮箱：zongbianban@ecustpress.cn
印　　刷 / 上海新华印刷有限公司
开　　本 / 710 mm×1000 mm　1/16
印　　张 / 9.5
字　　数 / 123 千字
版　　次 / 2023 年 9 月第 1 版
印　　次 / 2023 年 9 月第 1 次
定　　价 / 56.00 元

丛书总序

深度老龄化是当前上海城市发展面临的紧迫性社会问题。上海市委和市政府对此高度重视，出台了一系列政策，推动养老服务业提质增效、快速发展。教育领域也积极行动，通过加强专业化的养老服务人才培养，为上海养老服务事业提供强有力的人才保障。在《国务院办公厅关于推进养老服务发展的意见》（国办发〔2019〕5号）、《上海市深化养老服务实施方案（2019—2022年）》（沪府规〔2019〕26号）出台的背景下，上海市教委随即制定了《上海高校养老服务类专业建设三年行动计划》（沪教委高〔2019〕5号），明确以人才培养为根本，以提高质量为核心，支持相关高校建设一批养老服务类专业，通过打造课程、培养师资，切实推动养老服务人才培养。

上海开放大学主动适应区域经济社会发展需要，2018年在上海市民政局的支持下，开设了老年服务与管理专业。通过探索政校合作、立足行业需求、创新培养模式，初步实现了留住行业从业主力的培养效果。2020年1月，上海开放大学首届老年服务与管理专业学生毕业，共有269名学生获得了专科学历，60%以上的学生是一线护理员，他们在提升学历后重新返回养老服务岗位。他们中的很多人成了养老机构的中坚力量，为长三角区域的养老、助老事业增添了生机与活力。

在人才培养的同时，我们也深感教材的匮乏。老年服务与管理专业对于高等教育而言是一个新兴的专业，是融护理学、医学、营养学、社会学、管理学等学科于一体的应用型专业。过去，高校对于老年服务与管理专业的研究是不够的，教材的编写也主要脱胎于相近专业和学科，较难满足养老服务人员对真实工作场景所需知识、能力的学习要求。因此，我们希望能够开发出与工作岗位联系密切的教材，真正做到“所学即所用”，使学校课堂和工作岗位无缝衔接。基于上述初衷，上海开放大学在上海养老智库的支持下，组织编写“养老服务理论与实务丛书”。本丛书一套八本，包括养老机构员工能力方面三本，即《养老机构员工手册》《养老机构社会工作服务手册》《养老机构实用菜谱》，养老服务机构服务过程方面五本，即《养老机构老人入住流程》《养老机构失智症老人日常照护》《养老机构应急处理流程手册》《养老机构护理服务实用手册》《养老机构老年人个案照护计划指导手册》。

“养老服务理论与实务丛书”能够发挥什么作用呢，也就是丛书的定位是什么呢？我们认为主要有三个方面：第一是学历教育的参考用书。上海开放大学是上海较早开办养老服务学历教育的高校，目前也正在成体系建设养老学历教育的教材，但学历教育仅有教材是不够的，应该配套建设一些教学参考书，拓宽学生的视野和知识面，本丛书就能很好地发挥这样的作用。第二是养老机构的管理指导用书。养老机构的具体业务应该如何开展，如何个性化服务老年人，如何提高养老机构的规范化、专业化水平，这套书对以上这些问题做了比较实用和详尽的阐述。同时，这套书的编写过程凝聚了大量养老服务优秀管理者的实务经验，以及养老机构长期以来的工作总结提炼，这些内容将能够为养老机构管理人员提供比较好的指导。第三是养老职业培训机构的教材。丛书中的任何一本书都集聚了养老行业相关领域专业、实用的知识和技能，可以提高培训机构的培训质量。尤其是对那些刚刚进入养老行业的从业者来说，一开始就使用权威、正规的培训教材，对于其专业认知的提高和职业能力的提升是非常有帮助的。

当然，从时代发展的角度来看，这套丛书还有很多不完善的地方，我们并不认为这八本书就已经涵盖了养老机构服务与管理的方方面面，甚至可以说只是养老机构服务众多领域中的一部分。这些领域的选择一定程度上还受到作者专业的限制，在完整性上可能还存在一定瑕疵。但这些都不重要，关键在于“做”。面对日益老龄化的社会、日益增长的社会需求、不断提高的服务品质要求，目前无论是养老学历教育还是非学历培训，专业的学习资源都是非常欠缺的。在这样的背景下，我们勇敢地迈出第一步，努力地为这个行业创造一些价值、积累一些成果，也是对这个行业的推动和贡献。尽管还存在一些不完善，但这种“不完善”依然是充满魅力的。我们希望本丛书能为我国养老行业、养老专业的发展尽一点绵薄之力。

最后，在本丛书付印出版之际，我们作为编者依然会感到内心惶恐。相对于其他成熟学科而言，养老服务与管理专业依然属于一个新兴专业。研究人员少，研究成果缺，但与之对应的却是不断提高的老龄化水平和人民对于高质量养老服务的期待。希望广大读者能够不吝赐教，提出宝贵的意见和建议，希冀未来再版时一并修正。

丛书主编、上海开放大学副校长　张　瑾

前　言

伴随人口老龄化的急速发展,我国养老服务业规模不断扩大,养老机构数量大幅增加,养老机构的安全问题也被社会广泛关注并成为各级政府监管的重点。养老机构是老年人集中居住的场所,照护过程中的意外风险及安全事故频发使养老服务的高风险性增强。其风险性主要表现在三个方面:一是在遭遇火灾、疫病流行、食物中毒等突发事故时,高密度的居住空间和集体行动(就餐、活动)会引起连锁效应及群体伤亡事故;二是在遭遇上述突发事故时的自救能力和互救能力较差,住养老人因高龄、失智、失能或多种慢性疾病等身体原因在事故发生中很难进行有效反应;三是事故发生时的"不特定性"与事故后果的"不确定性"相叠加,事故本身及其善后处理过程的社会关注度非常高。保护老年人权益、保障养老机构和企业安全运营,是养老机构管理的首要任务。然而,部分养老机构由于缺乏突发事件处理经验、应急管理机制等,在事件发生时应对不及时、人员不到位等,给住养老人和养老机构造成了巨大损失和不良影响。

为有效应对养老机构常见安全风险、做好日常管理与服务工作、保障住养老人生命和财产安全,通过梳理总结养老机构常见风险,参考《全国养老服务机构实务管理指南》《养老机构老年护理服务规范和评价标准》,特编写本手册①。手册内容包含安全防范管理、意外伤害事件预防与应

① 本手册是"养老服务机构安全风险管理与控制研究"(项目编号:QN1903)的阶段性研究成果。

急处理、护理意外事故应急处理等内容，涵盖养老机构27项常见安全风险事件应急处理流程。本手册主要以规范形式呈现，并配以流程图进行说明，完整呈现了养老机构常见安全风险的原因、防范措施、应急预案及应急处理流程，是一本对一线运营和服务工作人员具有很强参考性和可操作性的实用手册。

本手册的出版是在上海开放大学、智库养老研究院的共同努力下完成的；同时，非常感谢华东理工大学出版社对本手册出版的支持与帮助。需要说明的是，本手册在编写过程中参考了多家养老机构的应急管理流程文件，在此表示衷心感谢。由于编者水平有限，书中难免存在不足之处，恳请同行批评指正，以便不断完善养老机构应急处理流程。

目　录

第一章

安全防范管理

安全管理是养老机构工作中极为重要的工作环节，也是现代养老机构运营中的重要组成部分。做好安全防范工作，防止意外风险事件的发生，对于保障老人的生命安全与身体健康尤为重要。养老机构意外风险防范应包括安全事故防范工作、对突发事件和灾害事故的应急预案。因此，为了保障机构的正常运行和老人的生命安全，就需要各养老机构在日常安全管理工作中做好安全防范工作，并针对各种可能发生的意外风险事件制订规范化的应急处理预案。

第一节　安全综合管理

一、安全综合管理工作的要求

(1) 严格制订养老机构(如养老院、敬老院等)安全管理制度和安全工作计划,组织实施和落实安全管理内容与要求,定期对院内安全工作进行检查,以及加强对安全管理工作的考核与奖惩。

(2) 后勤安全保障部门应做好安保人员的选聘、签约工作,并加强对安保人员的安全管理培训、考核与监督工作。

(3) 安全管理负责人应加强对院内人员,尤其是老人的安全教育,增强其安全意识,减少和避免如火灾、盗窃、食物中毒、交通事故、老人走失、老人跌滑、燃气漏气等危险性突发事件的发生。

(4) 严格落实安全工作岗位责任制,做到"定岗定责",定期监督、检查、抽查院内各项安全工作,及时发现安全隐患,并迅速联系有关部门采取安全处理措施,以确保院内人、财、物的安全。

(5) 做好院内各项突发安全事件的应急处理工作,建立完善的应急预案,并协助、配合公安机关做好安全保卫工作。

二、完善全套安全管理制度

完善全套安全管理制度,是保障安全防范工作的必要前提,养老机构安全管理人员在日常工作中需落实好以下几点工作。

(一) 加强安全教育

(1) 制订各部门安全教育计划,确定安全教育内容、组织教育形式、教育培训时间,并严格贯彻落实。

(2) 每年至少两次组织机构内全体人员参与安全教育,对全员开展安全教育知识宣传工作。

(3) 定期组织消防专业人员来机构进行消防演习和突发事件的疏散演练，指导和培训安保人员、其他部门人员及老年人应急逃生的正确方式。

(4) 严格规定新员工上岗前必须接受安全知识培训，包括防火、防盗、防破坏、防灾害、防事故、治安等相关内容，并进行笔试考试和实战操作，考核合格方可上岗。

(二) 明确安全责任

1. 确定领导责任

院长是第一责任人，依照相关法律法规及机构管理规定等对机构安全工作负有全责；各部门安全分管领导是直接责任人，对安全工作直接负责；具体的安全责任问题，是由个人过失造成的人、财、物的损失时，要依法追究个人责任，做好岗位责任工作。明确安全责任，做到人人身上有责任，树立“安全工作，人人有责”的意识。

2. 做好安全稳定工作

建立健全机构治安保卫工作的各项工作制度，实行目标管理、分级管理、定期考核、奖赏惩罚，成立安全稳定工作小组，明确工作小组职责。

3. 做好安全保卫组织建设

提高安保人员的思想素质、职业道德、业务素质，强化安保人员的责任感。维护全机构的安全，贯彻落实“八无”，即无政治事故、无交通事故、无火灾事故、无盗窃事故、无医疗事故、无责任事故、无违法乱纪事故、无食物中毒事故。

4. 确定安全检查标准

定期进行安全检查，或不定期进行安全抽查，严格按照安全标准展开检查工作，及时发现存在的安全隐患，同时针对暂时难以解决的不安全因素采取临时安全防范措施，做到杜绝安全问题，从源头保障安全工作。

5. 明确交通事故责任

机构专车司机应完全遵守交通安全管理规定、电梯安全使用管理规定，自觉按时按标准完成管理手册中规定的自我安全教育，增强岗位安全责任意识。

（三）制定安全制度

安全制度是确保机构安全工作的硬性指标，用以规范安全标准、安全内容以及人员的行为和意识。养老机构基本安全制度应包括内保安全制度、消防安全管理制度以及交通安全制度等方面的内容。

1. 内保安全制度

内保安全制度应包括：《安全检查制度》《安全责任事故查究制度》《安全生产制度》《安全档案管理制度》《机构安全保卫制度》《院内巡逻巡视制度》《外来人员管理制度》《食堂库房安全管理制度》等。具体内保安全制度详见本书后附件1。

2. 消防安全管理制度

消防安全管理制度应包括：《消防安全例会制度》《消防安全知识宣传教育制度》《防火巡查制度》《防火检查制度》《火灾隐患整改制度》《消防控制室值班制度》《消防水泵房管理制度》《消防值班制度》《配电室消防管理制度》《消防疏散设施管理制度》《用电防火安全管理制度》《用火动火安全管理制度》《管道煤气使用安全管理制度》《燃气、电气设备安全管理制度》《易燃易爆危险物品和场所防火防爆制度》《消防设施、器材维护管理制度》《消防安全工作考评和奖惩制度》等。具体消防安全管理制度详见本书后附件2。

3. 交通安全制度

交通安全制度应包括：《交通安全管理制度》《司机管理规定》《院内步行人员的交通安全管理规定》《交通安全事故处理规定》等内容。关于养老机构交通安全制度的规范内容请详见本书后附件3。

（四）加强保密管理

（1）做好文件登记和保密工作。后勤管理中心对员工、入住老人及来访人员的相关隐私资料要严格做好资料存放、保密工作，严禁外泄，保护个人隐私。

（2）制定和落实秘密文件、资料、档案的借用管理制度。如需借用、查阅秘密文件、资料、档案，需要提交相关文件证明和申请，经主管领导批准，并按照相关借用手续进行登记。

（3）如发现材料遗失、人员信息外泄等现象，要及时向上级领导汇报，认真处理，并进行全面检查，如发现内部员工有泄密行为，视情节严重程度，依法律规定进行行政或刑事处理。

（五）做好应急处理

（1）保护好刑事、治安案件、灾害事故现场，及时组织抢救受伤人员和物资，并在第一时间向有关公安机关报告，协助公安机关侦查、处理。

（2）一旦发生突发事件，安全管理区责任人必须第一时间向主管领导和操作中心汇报，得到指示后及时做出处理。

（3）安全部门应针对机构可能出现的各种突发事件、灾害事故等情况，事前制定好相关的应急预案，避免事件、事故发生时，出现恐慌、无措、损失重大等问题。

（4）针对发生的风险事故，安全管理部门要及时进行风险控制，及时对突发事件、灾害事故进行风险分析，制定防范措施，以将损失控制在最小范围内。

第二节　安全防范控制

一、安全防范控制组织机构

（一）院长、党支部书记

院长、党支部书记作为党政工作的一把手，是养老机构安全防范工作的第一责任人，依照有关法律法规对本院的安全工作负有全责，并负责按照有关规章制度及上级管理部门的要求具体布置安全防范工作，建立安全防范工作的有关工作小组，监管和贯彻落实安全防范工作。

（二）副院长

副院长为本院安全工作的主要责任人，具有综合管理职权，具体负责院内各项安全工作的管理，协调各部门日常工作，并接受院长的领导。

（三）各主管部门领导

各主管部门领导为本院安全工作的主要负责人，具体落实和监管院内安全工作，针对出现的各类突发事件及时采取应急措施，并严格执行报告制，在规定的时间内向上级分管领导据实汇报工作。

二、安全防范控制的主要责任

本院各级安全管理领导和安全负责人必须严格做好全院安全工作，针对发生的或可能发生的各类突发事件做好应急措施，制定应急预案，对存在的安全隐患加强防范，须认真落实安全防范控制的要求，并依照分级负责的原则开展安全防范控制工作。

三、安全防范控制领导小组构成

安全防范控制领导小组分别由院长、党支部书记、副院长、工会主席及各部门主管和有关专业人员组成，并承担相应的职责。

组　长：由院长、党支部书记担任。

副组长：由各主管副院职领导（或工会主席）担任。

组　员：由院内各部门主管正职领导或者负责重要工作的副职领导担任。

四、安全防范工作专业小组

（一）安全宣传组

安全宣传组须遵守安全主管部门的规定，负责养老服务机构日常安全防范的宣传、教育工作。

（1）按照有关规章制度及院长的要求开展工作。

（2）编制年度安全工作宣传计划并组织实施。

（3）负责开展“119”消防安全等主题宣传活动。

（4）负责制作相关主题宣传专栏。

（5）负责开展安全防范工作的演练。

（6）配合专业部门完成相关工作。

（二）护理安全组

护理安全组负责机构有关老年人的日常护理安全防范工作。

（1）配合本院安全宣传组，向老年人开展安全防范的宣传工作。

（2）负责完善有关护理规章制度的操作流程，并组织护理人员进行护理技能的培训。

（3）负责对护理质量进行监督检查。

（4）协助完成院内有关安全防范预案的演练。

（三）后勤安全组

后勤安全组负责院内相关设施设备、居室场所、饮食卫生等的安全管理。

（1）负责机构安全防范物资、设施设备的配置和日常维护管理工作。

（2）负责机构后勤保障部门的安全教育和日常安全管理。

（3）负责安全防范预案演练的物品准备，并协助安全宣传组完成年度安全防范预案的演练。

第三节　突发事件应急处理

一、突发事件应急处理工作总则

为建立健全应对养老服务机构突发事件紧急救助体系和运行机制，规范紧急救助行为，提高紧急救助能力，迅速、有序、高效地实施紧急救助，最大限度地降低老年人的生命危险和机构的财产损失，保护老年人的生命和健康权利，保护机构的财产安全，根据有关法律、法规的规定，结合机构的特点，制定突发事件应急预案。

二、突发事件应急处理工作原则

（一）以人为本

把保障老年人的生命安全作为突发事件应急处置的首要任务，最大限度地减少突发事件对老年人生命的威胁和伤害，不断完善对老年人的救助手段，提高应对突发事件的紧急救助能力。

（二）以防为主

把对突发事件的预防作为应急工作的中心环节和主要任务，完善工作机制，运用信息化手段，使防、抗、救、援四个环节紧密衔接，提高对突发事件发生发展全过程的紧急处置能力。

（三）统一领导、部门协作

养老服务机构对于突发事件的应急处置工作由院长统一领导，各部门分工配合，提高对突发事件发生发展全过程的紧急处置能力及效率。

三、应急预案适用范围

应急预案的适用范围应包括但不限于以下几方面内容：

（1）台风、火灾、水灾、地震等有可能危及老年人生命及财产安全的自然灾害。

（2）食品中毒、化学中毒、传染病、流行病等有可能危及老年人及机构员工的生命、健康的异常情况。

（3）老年人突患疾病或者疾病突然复发，有可能危及生命或对老年人的健康造成重大影响的情况。

（4）老年人摔倒、滑倒、落水或者其他有可能危及老年人的生命或对老年人的健康造成重大影响的情况。

（5）自杀、他杀等事件。

（6）其他有可能对老年人的生命或者健康造成重大影响，需要采取应急处置措施的情况。

四、应急预案启动条件

（1）为应对自然灾害或者其他紧急事件，市级或者区县级应急预案已启动的。

（2）机构出现以上所述之情形，需要启动应急预案的。

（3）其他应启动应急预案的情形。

五、突发事件应急处置日常常备小组的组成及职责

（一）小组组成

机构设立突发事件应急处置日常常备小组（以下简称日常常备组）负责日常工作。日常常备组由机构院长、护理组组长、后勤组组长等人员组成，由院长实行统一领导。

（二）小组职责

日常常备组负责机构对突发事件的防、抗、救、援等工作，具体行使以下职能：

（1）根据上级单位领导的指导，结合机构的具体情况，制订应急方案，布置救援工作。

（2）根据国家、市、区县的启动紧急预案的决定，决定启动机构的应急预案。

（3）根据相关的法律、法规及上级单位的要求，结合机构的具体情况，设置机构的应急设施。

（4）建立与卫生、消防等单位的直接联系，保证联络通畅。

（5）组织有关人员对机构的员工进行培训及预案演练工作，增强机构及员工处置突发事件的能力。

（6）制定机构的值班制度，安排人员进行 24 小时值班。

（7）将机构的突发事件的具体情况及处置情况向有关单位报告。

（8）行使其他应由日常常备组行使的职能。

六、突发事件临时处置组的组成及职责

（一）小组组成

突发事件临时处置组（以下简称临时处置组）应与预案同时启动，由值班人员根据机构的具体情况临时组建。该值班人员有权决定临时处置组成员的构成及小组成员的具体任务。

（二）小组职责

临时处置组负责对机构突发事件的具体处置工作行使以下职能：

（1）根据国家、市、区县的启动应急预案的决定或机构日常常备组的启动预案的决定或为应对突发事件，启动紧急预案。

（2）根据突发事件的具体情况，结合预案采取临时措施。

（3）及时将突发事件情况告知老年人家属及有关单位。

（4）及时与卫生、消防、公安等单位联络采取抢救或保护措施。

（5）及时将突发事件及启动紧急预案的情况向院长（院长本人为值

班人员的情况除外）及日常常备组报告。

(6) 应院长及日常常备组的要求，将处置突发事件的权力移交给院长或日常常备组。

(7) 行使其他应由临时处置组行使的职能。

七、突发事件的应急准备工作

（一）资金准备

根据机构的具体情况，编制应对突发事件的年度资金预算。该项资金预算专用于处置各类突发事件。

（二）健全应急设施

1. 卫生、防疫、消防、防护设施

机构根据相关法律、法规的具体规定，按照卫生、防疫、消防等单位的具体要求，设置机构的卫生、防疫、消防等设施并根据机构的具体情况设置必要的安全防护设施。

2. 救护设施

机构配备必要的医护人员和相关的医护设施（如药品、急救箱、担架、车辆等）。

3. 通信设施

机构配置电话等通信设施并置备消防、公安等部门的联系方式，为值班人员配备通信装备。

（三）配备应急救援人员

1. 常备组值班人员

根据机构的实际情况，合理安排常备组人员值班，保证 24 小时内均有常备组成员值班。

2. 保卫、护理等人员

机构的后勤、保卫、护理等人员应服从机构院长或常备组值班人员的指挥，按照院长或者常备组值班人员的安排具体负责对突发事件的应急处理工作。

3. 人员培训与预案演练

机构根据常备组的工作计划，定时、定期、有计划地组织和加强院内人员对于应急预案中所列事项处置工作的培训，并且组织人员参与预案演练工作，提高机构对于突发事件的处置能力。

4. 签订协助协议

机构与卫生、消防、律师事务所等单位签订协助协议，组织员工开展培训、教育、应急预案演练等工作。

八、突发事件应急处理流程

（一）启动警报系统与紧急通告

发生需启动预案的情况时，机构院长或常备组值班人员应立即启动警报系统，向机构内员工及老年人发出警报，同时以广播等形式发出紧急公告，告知发生了什么情况、对自己可能带来的威胁、应立即采取的自我保护措施等。

（二）现场指挥与控制

机构院长或者常备组值班人员负责突发事件发生时的指挥与控制工作，有权根据突发事件的特点组建或者接管突发事件临时处置小组，并且根据突发事件的具体情况，安排处置小组成员的工作任务。

（三）求助与联络

发生需启动预案的情况时，若有获取民政部门、消防部门、卫生防疫部门等帮助的需要，常备组值班人员或其指派人员应立即与民政部门、消防部门、卫生防疫部门或公安机关等单位取得联系，取得相关单位的支持和帮助，同时向院长汇报情况（院长本人为值班人员时除外）。

(四) 人员疏散与安置

机构常备组结合机构的具体情况,制订疏散与安置计划,安排机构员工负责疏散安置工作。启动火灾预案时,有必要对机构老年人及员工进行疏散与安置的,机构应立即启动疏散与安置计划,对老年人及员工进行疏散和安置。

(五) 事态监测

针对突发事件的应急处理工作,机构应配合有关单位做好突发事件事态的监控与评测,及时将情况向有关单位汇报,防止形势恶化。

(六) 事故(事件)调查

及时组织和调动事故调查组,积极配合上级机关及有关部门对安全事故进行调查,及时查明事故或事件的起因、过程,统计人员伤亡和经济损失情况,做好事故调查报告,并提出事故处理意见和防范措施。

(七) 事件报告

(1) 养老机构应建立健全突发事件报告制度。应按照突发事件报告的相关规定逐级报告。事件发生后,现场有关人员应立即报告安全管理人员或安全责任人,安全管理人员或安全责任人接到报告后,应按照相关规定立即向上级主管部门及当地政府报告。特别重大或者重大突发事件发生后上报最迟不得超过 4 小时。应急处置过程中,要及时续报有关情况。

(2) 对重大突发事件不应瞒报、迟报、谎报或者授意他人瞒报、谎报,不应阻止他人报告。

(八) 信息发布

及时向上级机关和属地机构报告事故(事件)进展及救援工作的开展情况,并做好应急救援协调工作,对外宣传需统一口径,如有必要,应严格执行新闻发言人制度,对事件事态和应急救援工作及时进行报道。突发事件的信息发布应当及时、准确、客观、全面。

（九）善后处理

（1）对于突发事件造成人员（尤其是老年人）伤亡的，应及时进行处置和救护；对于确定受伤、犯病、危重的，应第一时间拨打120急救电话；对于出现死亡的，应做好死亡统计工作。

（2）及时做好伤亡人员及其家属的安抚工作，并协调有关单位和部门以及法律人员等，妥善处理事故（事件）的善后工作。

（3）突发事件得到有效处置、事态平息后，经组织专家论证后，安全管理部门应根据突发事件处置情况终止预案。

（十）应急预案的评估与改进

应急处置结束后，养老机构安全管理部门针对突发事件造成的影响及应急处理预案实施过程中出现的问题和处理效果等，对原应急预案进行评估和完善，修订后的预案应报主管部门备案。

第二章

意外伤害事件预防与应急处理

意外伤害以及意外事故属于意外伤害事件。养老机构中常见的意外伤害事件有医务护理事故、财物和人身安全事件、食物中毒事件、传染病等。养老机构意外伤害事件的发生可能会给机构和入住的老人造成严重的人身伤害以及财物损失。造成意外伤害事件发生的原因也是多样的，但是，养老机构在日常安全管理工作中应做好防范工作，尽最大努力将伤害降到最低范围内。因此，养老机构需要制定和完善相关的安全制度，加强对意外事件的监管，完善院内硬件设施，并避免可能发生的纠纷争议，如有需要，联系上级主管及有关部门协同处理事件、事故。

第一节 养老机构意外伤害事件简述

一、意外伤害事件的界定

意外伤害事件是指因意外导致身体受到伤害的事件，它包括意外伤害和事故。

（一）意外

在老人入住养老机构期间，突然发生的、难以预料的、往往导致老人身体与心理精神伤害的事件称为意外，也称“意外伤害”。意外伤害可以是轻微的，如轻微的皮肤擦伤、磕伤、烫伤、脚扭伤等，也可以是十分严重的，如跌倒骨折、突发疾病及死亡和自杀等。是否属于“意外”，主要看养老机构及工作人员是否存在过失、过错行为，如不负责任、违反规章制度和技术操作规程等。轻微的意外伤害一般不太容易引发矛盾与纠纷，较严重的意外伤害则构成意外事故，容易引发矛盾与纠纷。如以在养老机构中因突发疾病，最终导致死亡（如严重的冠状动脉粥样硬化、心力衰竭、不规则心律失常等导致的心源性猝死）的事件为例。养老机构的工作人员如果在老人生前就对老人的相关疾病进行管理，如在入住协议上注明老人的身体情况，并将老人的出院小结或者医保记录本复印存档，甚至与老人的直系亲属谈话、签订免责声明，就能有效避免这种情况的发生。在日常照护过程中，护理人员要按照制度书写护理记录单。若养老机构已尽到照护义务，那么即使老人突发疾病，只要养老机构按照应急处理流程积极采取急救措施，就算老人因病最终抢救无效死亡，养老机构也无须担责，因为疾病难以避免，老人过世属于“意外”。[①]

① 中华老年网. 什么是养老机构意外伤害事件[EB/OL]. [2011－07－27]. http://www.zhln.org/yl/jg/7476.html.

（二）事故

事故的一般定义是指造成人员伤亡或重大财产损失的事件。一般分为意外事故和责任事故。

1. 意外事故

意外事故，是指因老人个人原因和其他不可抗拒的客观原因，而非养老机构方面的原因所造成的事故。换句话说，在整个事故发生过程中，养老机构工作人员没有过失行为，纯粹是老人个人和不可抗拒的原因所造成的事故，属于意外事故。养老机构内发生的事故多属于这种类型。由于养老机构工作人员在主观上既无故意，也无过失，所以法律上不应追究其责任。①

2. 责任事故

所谓责任事故，是指养老机构工作人员因玩忽职守、违反规章制度与操作规程等失职行为所造成的事故。这是比较常见的、典型的责任事故。养老机构的护理人员在事故发生过程中虽无主观故意，但存在过失行为，理应对老人所发生的一系列情况承担责任。②

二、常见的意外伤害事件

总体而言，养老机构发生意外伤害事件属于小概率情况，但是近年来有逐年增加的趋势，且"小概率事件"所造成的伤害与损失是巨大的，应该特别加以防范。猝死、走失、跌倒或坠床、烫伤、误服药物、自伤、噎食、压疮等意外伤害事件最为常见，尤以跌倒以及跌倒后发生骨折的概率最高。有关数据表明，跌倒后发生骨折的事件占到养老机构中意外伤害事件的七至八成。而火灾、他伤、自杀等事件的发生概率虽然不高，但后果更加严重。其余比较容易引发矛盾与纠纷的还有侵犯老人权益的行为，如辱

---

①② 中华老年网．什么是养老机构意外伤害事件[EB/OL]．[2011－07－27]．http://www.zhln.org/yl/jg/7476.html.

骂、欺辱、虐待老人等。[①]

养老机构发生意外伤害事件的原因多与在住老人的衰老有关，包括生理性衰老和(或)病理性衰老。但更需要引起重视的是，意外伤害事件的发生概率往往与养老机构内制度与流程的缺失，养老机构疏于管理以及工作人员缺乏责任感，服务不规范、不及时、不到位有关。

第二节　意外伤害事件的防范

虽然导致在住老人发生意外伤害事件的因素非常复杂，但至少有八成的意外伤害事件是可以通过干预手段进行避免的。所以，采取积极有效的意外伤害事件防范措施就显得尤其重要。

一、健全制度，有效管理

完善规章制度是预防和杜绝入住老人发生意外伤害事件的重要保障。从老人踏入养老机构大门的那一刻开始，规章制度就应该跟上。这些制度包括老人入住管理制度、护理等级评定制度、健康管理制度、员工管理制度、岗位职责制度、服务标准、操作规范以及其他各种管理制度与监督机制。任何一个服务环节、过程存在管理缺失或疏于管理，都有可能为入住老人日后的安全埋下隐患。如不按养老机构入住程序来介绍机构、了解老人、评估老人健康状况，不与老人及其亲属签订好入住协议，就等于埋下了安全隐患。[②] 好的制度还需要认真贯彻，需要加强监督，否则再好的制度只能是一种装饰、摆设，不能发挥应有的安全防护作用。

① 张岩松：《养老机构伤害事故的预防与处理》，载《中国老年学杂志》2012 年第 22 期。
② 陈荆立：《养老机构如何避免老人意外伤害》，载《陕西老年学通讯》2012 年第 3 期。

二、升级硬件，积极预防

保障养老机构设施设备的安全，是保障在住老人人身安全的基础，否则必然埋下隐患，增加后续运营管理的风险。[①] 因此，新建或改建、扩建的养老机构，务必按照《老年人居住建筑设计国家标准》(GB/T 50340－2016)、《老年人建筑设计规范》(建标〔1999〕131号)、《老年人社会福利机构基本规范》(民政部MZ008－2001)、《城镇老年人设施规划规范》(GB 50437－2007)、《老年养护院建设标准》(建标144—2010号)以及《卫生部关于印发〈护理院基本标准(2011版)〉的通知》(卫医政发〔2011〕21号)等文件的要求，做到符合规定、遵从科学的规划设计与施工安装，从根本上体现以老人为中心、符合适老化的建筑理念。如果已经建成的养老机构中可能存在安全隐患，不符合养老机构相关的建筑标准，那么也需要对建筑内外、设施设备及时进行全面排查，并且主动配合消防、安监等部门的检查工作，不断升级养老机构的设施设备。除此之外，养老机构应当配备必要的应急设施和急救设备，以应对突发事件的发生。

三、提高素质，增强意识

在老人护理工作中，潜藏着各种类型的安全风险因素，一旦疏忽大意，潜在的安全风险因素就会显现出来，有一定概率会导致意外伤害事件发生。所以，养老机构照护人员提高安全意识、提升专业素养、提升照护操作技能、提高道德思想水平就显得尤为重要。但目前由于大众对照护这个职业的偏见，以及薪资待遇不高、职业晋升通道狭窄等问题，养老机构普遍存在养老护理人员综合素质不高，甚至招聘困难的现象。不过从养老机构的长远发展以及机构安全管理这些角度来看，提升养老护理人

① 陈荆立：《养老机构如何避免老人意外伤害》，载《陕西老年学通讯》2012年第3期。

员持证上岗比例、加强现有养老护理人员的职业素养及技能培训，同时加强内部服务规范自查工作是大趋势。对那些经过培训与考核后，道德思想水平仍然低下、照护操作技能仍然生疏、安全风险意识仍然薄弱的人员，应该按照人事规章制度不予留用，并且积极引入道德思想水平高尚、文化与技能素养过硬、照护理念先进的照护人才。

四、提前沟通，获得理解

老年人群体因其生理因素与病理因素导致衰老，照护难度呈现越来越大的趋势，对养老机构来说，杜绝任何意外事件的发生非常困难。因此，养老机构内的负责人及工作人员除了在日常照护工作中不断优化服务流程、提升服务质量、增强安全意识之外，还应该与老人的直系亲属保持密切的沟通，以此来提升老人的直系亲属对养老机构照护工作的理解与配合。养老机构内的负责人及工作人员可以主动、定期沟通的内容包括老人近期的进食量及活动量、社交活动参与程度、健康状况、可能突发的疾病与意外风险以及养老机构能够采取的防范措施，这些看上去“比较麻烦”的做法，事实上可以帮助养老机构获得老人直系亲属的信任，一旦日后发生了意外伤害事件，因为信任基础已经打下，养老机构在处理意外事件时，更容易获得家属的理解，甚至可以避免纠纷。

第三节　意外伤害事件纠纷处理程序

近年来，国内一些城市和省份纷纷探索试行养老机构意外伤害保险。上海市是最早推行养老机构意外责任险的，对我国其他地区养老机构意外伤害险有着重要的借鉴意义。但是，各地区实际情况又有所不同，不能照搬一种模式。目前我国的养老机构意外伤害保险制度与处理流程仍需要不断完善，尤其是意外伤害的纠纷处理。针对机构意外伤害事件，需要建立完善的处理流程，避免纠纷的情况，本节就纠纷事件的处理做个简单介绍，仅供参考。

一、纠纷处理程序

纠纷处理程序见图 2－1。

（一）上报与求助

一旦发生了意外伤害事件，养老机构的当班负责人应立即向上级领导报告，并全力抢救老人的生命，及时告知老人的直系亲属甚至原单位退管会；后果较为严重的意外伤害事件，养老机构还应向民政有关部门上报，并请求民政有关部门给予后续处理措施的指导意见。若发生的意外伤害事件属于重大伤亡事故，养老机构的行业主管部门应当根据相关规定及时向同级人民政府和上一级民政部门报告。

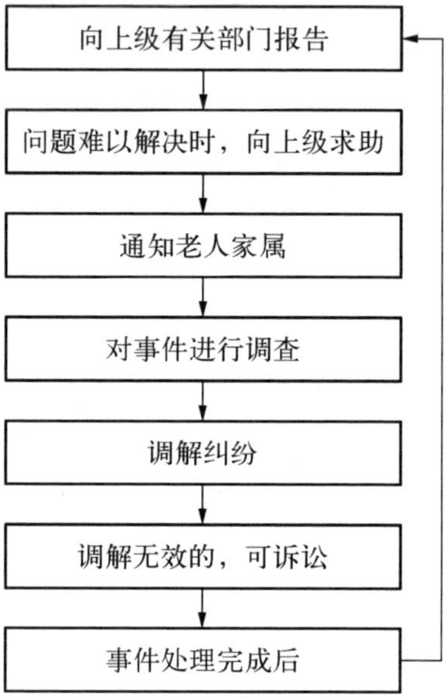

图 2－1　纠纷处理程序

（二）调查与调解

养老机构应成立意外伤害事件的调查小组，负责该意外伤害事件的原因调查、后续处理、纠纷调解。调查小组的成员一般由若干名机构相关运营管理人员和医务人员组成，小组成员必须尊重事实、公事公办、坚持原则，并且具备一定的专业能力。

养老机构发生意外事故后，调查小组应坚持尊重事实、公事公办、坚持原则的态度，准确、完整地进行意外伤害事件的调查与调解工作，做到不徇私、不护短、不懈怠。在为意外伤害事件进行最终定性时，应该从事实出发，遵守法律法规，做到事件还原清晰、定性问责准确、处理过程及时。最重要的是，调查小组成员要避免冲动大意、一味迁就。养老机构在意外伤害事件定性结果的基础上，与老人直系亲属进行协商时，如果不能达成一致意见，养老机构可以以书面的形式向属地街道或者民政主管部门、行业协会寻求帮助，请求出面调解。若属地街道或者民政主管部门、行业协会收到调解请求后，认为有必要进行调解的，可以指定专门人员协助调解。当事一方也可不接受调解，直接向属地人民法院提出诉讼请求。

（三）诉讼与汇报

经调解无效，或调解过程中当事一方向属地人民法院提出诉讼请求并且已经被受理时，调解过程应当终止。若当事一方对之前调解过程中达成的协议有异议或拒绝履行、消极履行时，当事另一方亦可向属地人民法院提出诉讼请求。在意外伤害事件处理过程告一段落后，养老机构需要及时将意外伤害事件调查处理结果以书面形式向民政主管部门汇报。若发生的意外伤害事件属于重大伤亡事故，养老机构还应向同级人民政府和上一级民政部门进行书面汇报。

二、纠纷处理要点

（一）保障入住协议和补充协议的有效性

养老机构在接收老人入住前都会与之签订入住协议，协议上注明老人的入住日期与期限、照护等级与收费情况、老人的健康状况及服药情况等。因为每个老人的情况与风险都不同，正常情况下入住协议中都会有一些附件，亦称补充协议，用于确认上述情况，主要目的是以书面形式向老人直系亲属提前明确风险，帮助养老机构规避风险。入住协议与补充协议都是在应对意外伤害事件时有力的法律依据，它明确了养老机构在住老人存在的风险、可能出现的意外、养老机构与老人直系亲属双方的责任与义务以及养老机构的免责条款。养老机构只要履行了服务协议中约定的责任与义务,在面对纠纷时就能避免处于被动局面,并且可以维护自己的合法权益。但是,即使如此,养老机构在服务过程中如若出现疏忽,甚至是过失,也应勇于担责,承担后果。

(二)重视来访时的接待流程

在处理意外伤害事件时,接待老人直系亲属来访是一项非常重要的工作,需要引起养老机构足够的重视。当老人或其直系亲属与养老机构工作人员或者负责人沟通情况时,接待人员需要保持温和的态度并表达共情,充分了解老人或老人直系亲属反映的情况后,若不归自己处理,应联系相关人员进行对接,否则老人或其直系亲属可能认为养老机构在推诿责任,对后续事件处理起到负面作用。若老人或其直系亲属所反映的问题较为严重、敏感,院领导应按照问题归口原则,指定一个部门或一个专人负责接待。由于意外伤害事件所导致的纠纷比较复杂,需要调查小组还原事情经过后才能定性,所以在遇到这类接待工作时,负责接待的人员应具有较高的综合素养,熟悉相关政策法规,对问题有较强的分析能力;同时善于倾听,能够通过沟通掌握来访者的真实动机和需求,争取在沟通中解决问题。若接待人员具有一定的医学、社会学、心理学和伦理学背景,则更能让来访者信服。

由于意外伤害事件所引发的纠纷有其特有的发展规律,养老机构应吸取教训、总结经验,将影响控制在最小的范围内。例如,跌倒导致的骨折和疾病突发导致的死亡是养老机构中较为常见的意外伤害事件,由于事发突然,老人的直系亲属往往情绪激动,指责养老机构不负责任,要求养老机构承担全部损失,甚至对接待人员破口大骂、产生肢体冲突等。出现这些情况往往是因为家属没有思想准备,所以在接待时,接待人员要做到真诚恳切,对来访者表现出理解与共情。若来访者出现上述激动情绪,接待人员要沉着冷静、不卑不亢,客观解释意外伤害事件的可能因素,并说明调查工作和应对措施。若老人发生猝死,与老人直系亲属难以达成一致意见，养老机构可以建议亲属在老人死亡后48小时内至司法鉴定部门进行尸检。若家属拒绝尸检，养老机构可进行书面记录并留有家属签名，保存至老人档案中。综上所述，接待人员应结合自身的专业素养及经验，稳定来访者的情绪，积极将事件向和缓的方向推进。

意外伤害事件所导致的纠纷通常较为复杂，接待人员还需要掌握以下几点：

(1) 初次接待来访者时，接待人员要做到真诚恳切，对来访者表现出理解与共情，以获取来访者的信任。要充分了解来访者反映的情况，在陈述间隙适当提问，但不要随便打断谈话，以免来访者产生抵触心理，倾听过程中注意记录完整的谈话内容，并尽可能地了解家属不满的症结所在和养老机构需要给出的态度。若来访者展示相关证据，接待人员要认真对待、谨慎查验，尽可能收集意外伤害事件的相关材料，以便为后续调查补充相关依据。

(2) 接待人员要注意把握节奏，对来访者的提问要谨慎答复，不要在未经调查时轻易将事件定性，或者轻易承诺，否则很有可能陷入被动局面。

(3) 若来访者情绪激动，接待人员也不要回避，要坦诚接待、给予积极回应，以此获得来访者的敬佩和信任，缓和紧张的气氛。如果遇到乘机“得理不饶人”，或是失去理智、大吵大闹，或是对接待人员破口大骂、破坏软硬件甚至产生肢体冲突的行为等情况，可提前与保卫科沟通，取得协助。避免同时接待太多来访者。若场面难以控制，养老机构要及时与属地派出所联系，以免产生不可挽回的恶性事件，带来不必要的损失。

(4) 在接待处理意外伤害事件时，接待人员不要轻易更换，以免新的接待人员对情况不熟悉，做出不恰当的回复，导致纠纷事件进一步升级；若意外伤害事件所造成的后果较为严重，在接待来访者时，当事部门的负责人以及院领导应该参与接待工作；若来访者要求面见当事工作人员，要求亲自询问或者对质，接待人员应尽量避免，一是保护机构员工，二是避免事态升级。

（三）提高舆情管理的意识

养老机构作为老年人的照护机构，一旦出现重大的意外伤害事件，经常会引起各类媒体的关注与报道。对于媒体的采访和报道，养老机构应当提高舆情管理意识。在意外伤害事件的事件经过尚未调查清楚、亦未定性之前，最好婉言谢绝媒体采访，以免影响事件的正常调查。另外，养老机构的工作人员私下不得接受未经正规途径预约的媒体采访。倘若需要接受媒体的访问，安排接受采访的人员最好具有以下素质：公众形象较好，态度和蔼可亲，发言清晰诚恳，口头表达能力佳。

（四）确保护理记录、病史记录及档案资料的准确性

护理记录以及病史记录是养老机构照护过程中最基本、最真实、最客观的文件，对意外伤害事件的定性和后续处理至关重要，具有法律效力。在照护过程中，护理记录以及病史记录的常见问题是书写不规范、记录不完整、记录不及时。一旦发生纠纷，护理记录和病史记录将由三方共同封存，主要是为了避免文件被销毁、篡改、伪造、抢夺、丢失等情况发生。所以在日常的养老照护工作中，确保护理记录、病史记录的准确性就显得非常重要。

常规情况下，医护人员、护理人员在规定时间内补写记录不属违规行为。但一旦发生意外伤害事件需要封存档案时，护理记录以及病史记录便不能再修改补充。

此外，老人直系亲属日常需要复制病历、检查报告等相关资料时，应按照养老机构档案复印制度执行。

（五）保护事故现场、保管相关物证

老人入住养老机构期间发生的伤害性事件，如自伤、自杀、他伤、他杀或意外伤害等事件，工作人员一旦发现后，应立刻上报领导、通知医护人员，积极组织抢救，保证老人生命。此时，移动老人并不属于非法破坏现

场,而是积极抢救生命。

若发现时老人已经死亡,那么绝对不能移动老人或者擅自清理现场,特别是可能导致老人死亡的利器,现场残留的药物、血液等。工作人员应保护现场,避免人员进出走动、带走现场物品,而是等待司法部门现场勘查。

在条件允许的情况下,可以对老人直系亲属开放抢救现场、目睹老人遗体,以安慰亲属的心理需求,并由机构有关人员做好现场记录后,联合家属将老人遗体移送至殡仪馆。

第三章

护理意外事故应急处理

在养老机构护理服务中，可能因护理不当而带来护理意外事故的发生，严重的可能会给老人的生命安全造成威胁。护理意外，顾名思义是针对需要护理的老人，因护理差错造成的老人意外伤害事故，如老人误吸、噎食、坠床、压疮、用药不当造成的药物过敏反应等，严重的护理意外会危及老人的生命。因此，针对各种护理意外事故，各养老机构需制定针对性的应急处理预案，当意外事件发生时，及时启动响应预案，妥善处理。

第一节 老人误吸、噎食的应急预案与流程

一、进食困难老人助餐规定

(1) 在老人入住及身体情况发生变化时，养老机构要及时评估老人的自理能力、吞咽与咀嚼功能、认知能力等，然后根据老人的综合情况选择食物的性状、质地和进餐方式。在老人进餐前，工作人员可判断老人的体力、精神状态、意识状态等。老人出现吞咽障碍或者神志模糊时，严禁喂食。

(2) 在选择适合老人的食物时，应提供性状、质地容易吞咽的食物。若老人因身体原因需要暂时进食流质食物，那么养老机构可以根据老人的身体恢复情况、吞咽与咀嚼功能、意识状态等，慢慢向半流质逐步过渡，在老人以上情况稳定或有明显提升时，再逐渐由半流质过渡至软食。在这个过程中，要注意观察老人的体重变化、精神状况变化、进餐时有无呛咳等。老人进食时给予端坐或半坐卧位，保持体位舒适，否则老人身体紧张，容易呛咳；喂食时，下巴不要抬得过高，必要时可以在老人脑后垫一个小枕头；进食后不要立刻躺平，可以取半卧位休息 15～30 分钟。

(3) 在协助老人进食时，有以下几点喂食技巧，养老机构护理员需要特别注意：每次的进食量不宜过多，可采取少量多餐的喂食方式；将食物喂到老人口中后，不要催促老人快点吞下去，而是耐心等待老人咀嚼和吞咽；观察老人喉头的滑动，确认上一口食物吞下后，再喂下一口；喂食过程中，避免与老人交流，以免增加呛咳风险。

(4) 老人病情稳定拔除气管插管后，一般保留胃管 1～3 天，避免经口进食，拔管后 2 小时内不宜鼻饲。1～3 天后可尝试经口少量喂水，若

老人无呛咳、吞咽功能正常，方可拔除胃管，经口过渡饮食。若老人吞咽功能并未恢复，不能轻易拔除鼻饲管，仍保持鼻饲饮食，进行营养支持。

（5）在日常照护工作中，照护人员可鼓励老人多做深呼吸、自主咳嗽排痰，以此保留呼吸肌群的功能，以免生理反射退化。此举可降低误吸的发生概率。即使发生误吸，老人也能及时咳出，降低不良后果。同时，养老机构应对有吞咽障碍的高危老人做好预防管理工作，提升员工的应急处理水平。

二、老人误吸与噎食的应急预案

（一）制定预案的目的

随着老人生理机能的退化，发生误吸和噎食的概率呈上升趋势，一旦发生紧急情况，工作人员能够迅速做出反应、采取有效的应对方法，就可以最大限度地保障老人的生命健康。

（二）应急操作流程

（1）一旦老人发生噎食，在场工作人员要立即进行急救。如果老人神志尚清醒或能取坐位，施救者可位于老人后方，使用“海姆立克法”进行急救。若老人意识丧失，施救者可让老人平卧，使用“余气冲击法”进行急救，使用“余气冲击法”时要避免平卧在柔软的床上，这样会降低急救效果。以上这些急救方法的原理都是利用外力冲击腹部一膈肌下的软组织，以此产生向上的冲击力，压迫两肺下部，从而驱使肺部残留的空气形成一股气流，将堵住气管、喉部的异物冲出，达到通畅呼吸道的作用。

（2）与此同时，现场其他工作人员立刻分工，立即联系医护人员到达现场参与急救工作及后续诊治工作；向现场负责人或行政总值班人员汇报情况，请求指导意见等。

(3) 医护人员根据现场情况商议:

① 若急救及时有效,老人呼吸道已经通畅,身体无大碍,那么医生对老人身体情况进行评估检查,避免诱发其他疾病,并向当班人员及养老机构护理员告知注意事项。

② 若老人噎食情况并未解除,或后果较为严重,医生需根据实际情况,判断是否需要 120 急救送医,并一同前往。

(4) 不能向家属隐瞒情况,事后需及时联系家属,做好沟通解释工作。

(5) 院领导或护理部主任要求该事件的相关责任人以书面形式还原事件发生经过及处理过程,并向院领导上报。

(6) 尤其是接收出院老人入住,或在住老人因病住院,出院后返回养老机构时,医护人员应根据医嘱采取适当的照护方法,特别是选择适合老人咀嚼与吞咽功能的食物,直至老人身体情况平稳。

(7) 进行总结工作。对整个事件进行分析、总结、再学习,防止此类事件再次发生,以避免造成不良后果,增加不必要的工作。

(三) 注意要点

(1) "第一目击者"是指第一时间发现意外情况的人员,"第一目击者"的责任心、应急能力对抢救老人的生命来说往往起到关键性的作用。

(2) 养老机构工作人员需要稳定现场其他老人的情绪,安抚亲属的情绪。员工切勿随意传话,以免不实消息引起混乱,导致纠纷或恐慌。

(3) 接待亲属探视老人时,由护理部相关人员做好亲属的沟通解释工作。

(4) 在意外事件尚未调查清楚或者未得到院领导授权之前,养老机构工作人员私下不得接受未经正规途径预约的媒体采访,以免不实消息产生负面效应,引发不良后果。

三、老人误吸与噎食的应急处理流程图

老人误吸与噎食的应急处理流程图见图 3-1。

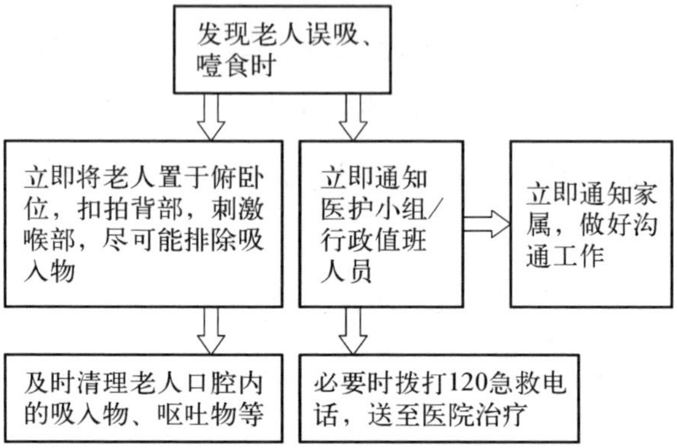

图 3-1　老人误吸、噎食的应急处理流程图

第二节　老人发生坠床的应急预案与流程

一、老人坠床意外事件的防范

（1）凡神志不清、躁动、意识蒙眬、癫痫发作、患有阿尔茨海默病、精神异常的住养对象必须使用床栏和其他安全保护措施，每半小时巡视一次，观察其肢体情况，并做好记录。

（2）使用安全保护措施前须以书面告知书的形式请家属签字知情同意确认。

（3）使用安全保护措施时必须确保松紧适宜，扣结处以通过两个手指的松度为宜，安全保护带的接头必须远离使用者的手或头部可及之处。

（4）保护性制动措施只宜短期使用，运用时必须定时更换卧位，肢体处于功能位置。必要时遵医嘱执行。

二、老人意外坠床时的应急预案

（一）预案目的

为了在老人发生坠床意外事故时，工作人员能及时采取科学、有效的措施，正确处理突发事件，避免引起不必要的损伤，保障老人身体健康与生命安全，制定本预案。

（二）操作流程

(1) 当班人员发现或接收到老人坠床的信息时，须马上赶到现场，查看老人情况，同时立即通知医护小组（医生、护理主管、班组长），向行政总值班人员汇报，对老人生命体征进行初步检查，确定心跳、血压、疼痛等健康状况。

(2) 经过评估小组商量决定：

① 若老人病情允许，医护小组共同检查老人受伤情况，采取适当的措施，并叮嘱员工明确照顾护理工作内容与方式。

② 若老人病情有变化、情况紧急的，工作人员要配合医生就地进行适当抢救，并立刻拨打 120 急救电话，派人陪同到医院进行治疗。

(3) 通知老人家属，做好沟通和安慰工作。

(4) 护理主管要求相关责任人对整件事情进行调查取证、记录，向院长汇报。

(5) 老人从医院转回机构后，工作人员按照医嘱照顾老人（给老人准备营养汤），直至老人身体情况稳定。

(6) 总结。对整个事件的发生情况进行详细分析、总结，在日常工作中开展进一步学习，尽量避免类似事情发生。

（三）注意事项

(1) 发现情况时，如老人疼痛厉害，严禁随意搬动老人。

(2) 老人没有去医院治疗的，工作人员要随时观察老人病情变化。

(3) 稳定老人、家属情绪，要求每位员工不得以个人名义向外扩散消息，以免引起不必要的混乱。

(4) 如有家属来院探视，由护理部做好家属的思想工作和接待工作。

(5) 如有新闻媒体要求采访，必须经过院长同意。未经同意，任何人不得接受采访，以免报道失实。

三、老人意外坠床事件应急流程图

老人意外坠床事件应急流程图见图 3－2。

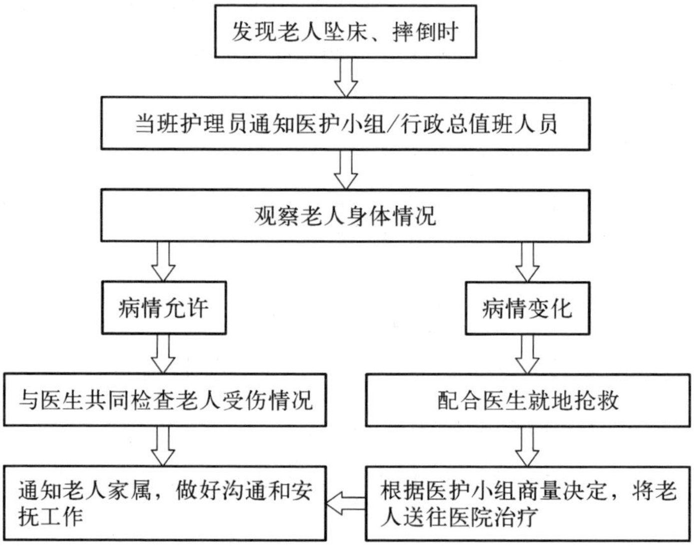

图 3－2　老人意外坠床事件应急流程图

第三节　老人发生压疮的应急处理预案与流程

一、老人发生压疮事件的防范

(1) 对长期卧床的老人，护理人员要做到“五勤”，即勤擦洗、勤翻身、勤按摩、勤整理、勤更换。

(2) 在帮助老人擦洗、翻身、按摩过程中，要注意动作的轻柔性，防止动作过重造成老人受伤。

(3) 及时处理卧床老人的排泄物，保持床单的清洁、干燥、平整，并及时处理床上的碎屑物。

(4) 对卧床老人应使用褥疮床垫，以防止老人骨骼突出部位受挤压。

(5) 避免老人直接躺卧在橡胶床单上，以免刺激皮肤。

(6) 护理人员应每天检查老人的皮肤状况，帮助老人清洁皮肤。

(7) 促进老人日常营养的摄入。

二、老人发生压疮的应急处理流程

(一) 出现淤血时

应坚持每隔 2 个小时帮助老人翻身一次，用红花酒精进行局部按摩。

(二) 出现炎症时

对表面皮肤进行消炎工作，有水泡出现时，应用无菌注射器抽出，并用烤灯照射，每日 2～3 次，每次 20 分钟，等到患处表面干燥结痂时可用无菌纱布包扎。

(三) 出现溃疡时

清除皮肤里的脓性分泌物，清除坏死组织，涂抹褥疮膏。

三、老人发生压疮时的应急处理流程图

老人发生压疮时的应急处理流程图见图 3 - 3。

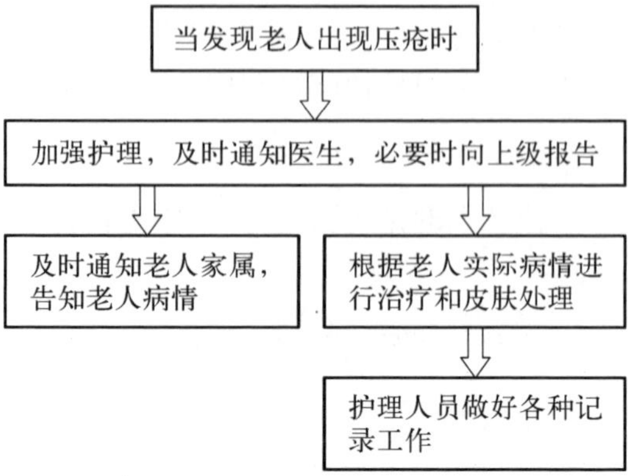

图 3－3　老人发生压疮时的应急处理流程图

第四节　老人药物过敏反应应急处理预案与流程

一、老人药物过敏事件的防范

（1）在使用药物之前，护理人员要仔细询问老人是否有过敏史、家族病史，对一些易产生过敏反应的药物须进行皮试。

（2）对于口服的药物，要认真检查药物的剂量、名称、用法及注意事项，尤其是服用药物期间的禁忌。

（3）对于注射的药物，要查看名称、剂量、有效期，查看有无浑浊、沉淀、瓶盖破损等现象。

（4）对于即将过期的药物，要杜绝使用，保证药物的安全使用。

二、老人药物过敏事件的应急处理

（1）对于出现轻微过敏症状的老人，应立即停止用药，及时通知医生，对其进行抗过敏药物的治疗。

（2）对于出现程度过重过敏症状的老人，应及时就地或送往附近医院进行抢救，对其进行抗过敏药物或激素类药物的治疗，并住院定期观察病情变化和生命体征。

（3）护理人员应及时联系、告知老人家属，交代清楚老人的病情。

三、老人出现药物过敏反应的应急处理流程图

老人出现药物过敏反应的应急处理流程图见图 3－4。

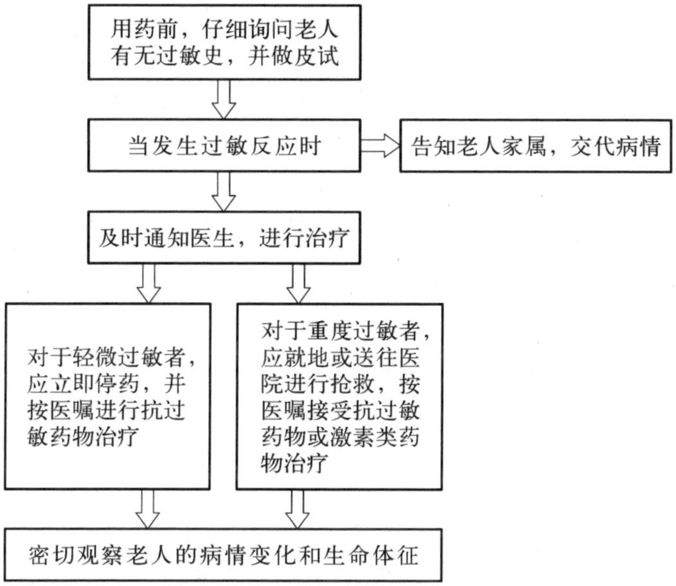

图 3－4　老人出现药物过敏反应的应急处理流程图

第五节　用药错误的应急处理预案与流程

一、用药错误的防范

（1）对药物进行认真核对，分类放置在固定位置，做好标记。

（2）用药前须仔细核对药物名称。

（3）定期清理过期药物、受损药物。

二、用药错误的应急处理

（1）如发现用药错误的，应立即通知医生，并观察老人病情变化，监测其生命体征，严格遵守医嘱进行补救。

（2）对于因用药错误导致病情严重的，应及时送往医院抢救。

（3）当值人员应如实填写用药出错单，做医务事故报告，并向上级领导汇报。

（4）护理部应组织调查人员对护理差错进行调查，查明事故原因，并做好工作总结。

（5）及时通知老人家属，时时监测老人病情。

三、用药错误时的应急处理流程图

用药错误时的应急处理流程图见图3－5。

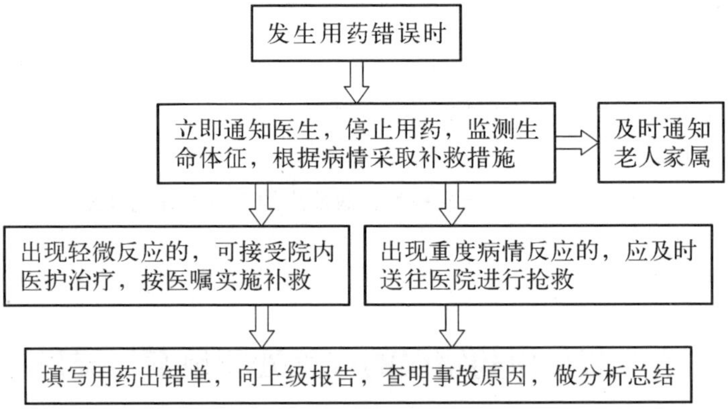

图3－5　用药错误时的应急处理流程图

第四章

财物、人身安全意外事件应急处理

养老机构在日常安全管理工作中应做好院内财物和人身安全的保障工作，制定财物、人身安全意外事件的应急预案，当机构发生财物损失、人身安全事件时，应及时启动预案，展开应急处理工作。养老机构的财物意外损失事件主要是指突发盗窃事件，在事件发生时应首先确保院内人员安全，其次检查财物损失情况，并进行相关应急处理。而人身安全意外事件主要针对老人的人身安全问题，如老人发生意外烧烫伤、触电和机械伤害、摔伤、走失、猝死、发生自杀或有自杀倾向、精神异常、意外身故以及暴力侵犯事件等。针对以上可能出现的突发意外事件，养老机构需要加强防范工作，同时完善相关应急处理流程。

第一节　突发盗窃事件的应急预案与流程

一、突发盗窃事件的防范

（一）办公物品保管

（1）各部门应保管好办公物品，工作人员应对办公物品做到熟记于心，定期检查、核对物品的种类、数量。

（2）机构各办公值班人员应加强对重点物品的保管，尤其是机构公章、重要文件、档案材料、各类器材设备的保管。

（3）值班人员应做好离岗时的检查工作，做好交接班工作。

（二）重要财物保管

（1）对老人的私人贵重物品，应进行托管。如需使用保险柜的，应告知老人对其财物进行安全托管，以防止财物损失；如老人不愿托管的，应告诫老人妥善保管。

（2）机构内的备用金、现金等应按照财务管理制度要求存放于保险柜中，打乱密码，交给专人进行管理。

（3）机构财务部门应做好防盗措施，设防盗门、防盗窗，安装防盗系统，交由专管人员定期检查监控系统。

（4）财务工作者，尤其是负责保险柜的工作人员，应做到值班时钥匙不离身、不借于他人，离开工作区域时，随手关闭门窗。

（5）对重要财物定期进行登记、查验工作，并做好登记记录。

二、突发盗窃事件的应急预案

（一）预案目的

建立突发盗窃事件应急预案，是为了更好地做好机构财物的保护工作，降低或避免机构的财物损失，尤其是入住老人的财物损失。

（二）操作流程

（1）当发生盗窃事件时，应首先确保老人的人身安全，坚持"生命安全第一"的原则。

（2）发生盗窃事件时，应稳定人员情绪，确保老人安全，安保人员应及时到达现场，并及时拨打110报警。

（3）盗窃事件发生后，应及时调查事件起因，调看监控记录，若无监控设备或监控设备出现故障的，应成立专门调查组，对有关人员进行细节盘问，并及时联系属地公安部门，做好协助工作。

（4）对于因有关工作人员出现过失而导致院内财物失窃的，应依照相关制度规定依法追究其事件责任。

（5）若发现是院外人员盗窃的，应交由属地公安部门依法处理；若经调查发现是院内工作人员监守自盗的，视情节严重程度，按照院内制度规定予以处理，并向公安部门报案。

（6）事件发生后，对于老人财物丢失的，应及时告知老人子女及亲属，安抚老人及其监护人的情绪。

（7）针对情节严重的盗窃事件，应及时、据实向外发布新闻消息，对内对外统一口径，不得谎报、虚报事件。

三、突发盗窃事件的应急处理流程图

突发盗窃事件的应急处理流程图见图4－1。

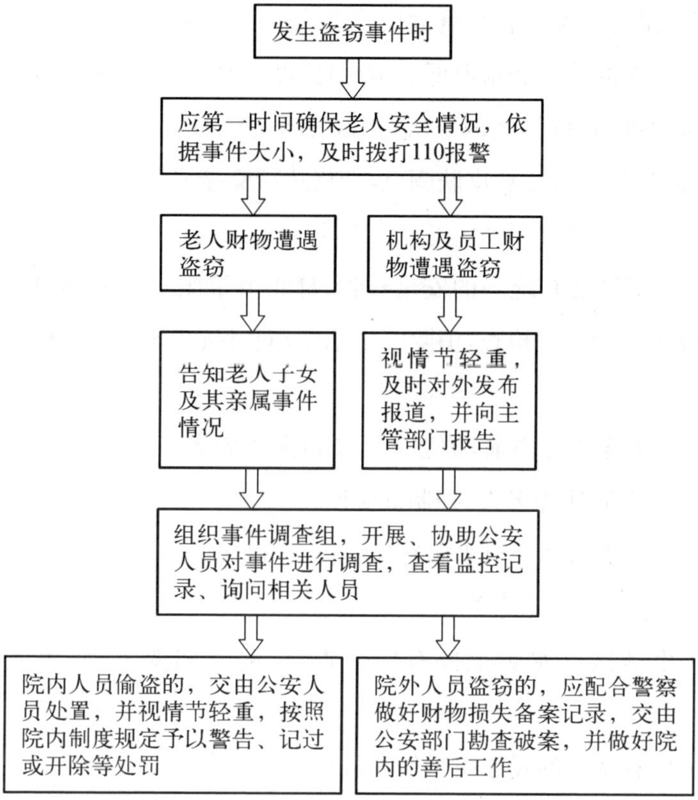

图 4－1　突发盗窃事件的应急处理流程图

第二节　老人烧烫伤的应急预案与流程

一、老人烧烫伤事件防范

（一）热水袋使用要求

（1）凡昏迷、感觉功能障碍的住养老人，一般情况下不建议使用热水袋。

（2）高龄、重危住养老人应慎用热水袋。使用热水袋必须做到：装套使用，用水温计测温，高龄、重危住养老人的热水袋水温低于50摄氏度，一般住养老人的热水袋水温低于70摄氏度；使用前观察热水袋是否存在滴（漏）水现象，并挤尽袋内空气；护区住养老人使用热水袋要每30～60分钟观察巡视一次，注意皮肤颜色，严格执行交接班制度。

（二）沐浴时注意事项

（1）沐浴区要有统一的安全标识，标识要清晰、正确，须对生活区内的沐浴设备定期进行检查，消除安全隐患，同时按规定的沐浴时间组织住养老人沐浴。

（2）住养老人沐浴前，护理人员要帮助住养老人调节好水温；过程中需视情况多询问住养老人，控制好温度。

（3）住养老人沐浴时水温宜控制在40摄氏度以下。

（三）开水炉的使用要求

（1）生活区开水炉上要有安全告示，配餐间要上锁，离人期间要关门。

（2）住养老人的暖瓶由工作人员负责定时灌冲。

（四）电热毯的使用要求

入住者一律不可使用电热毯。

二、老人意外烧烫伤事件的应急预案

（一）预案目的

老人发生烧烫伤意外事件时，工作人员能及时、果断采取有效措施，降低老人受伤程度，保障老人生命安全。

（二）操作流程

（1）视情况危险程度决定处理火源和老人的先后顺序：

① 老人发生烧伤时，护理员要马上扑灭火源；

② 老人发生烫伤时，护理员应立即将老人脱离热源。

(2) 立即通知医护小组，向行政值班人员汇报。

(3) 帮老人剪除衣物，进行伤口处理，浸冷(冰)水，持续用冷水冲洗。

(4) 医护小组判断后，根据老人受伤情况拨打120急救电话，派人送老人到医院进行治疗。

(5) 通知老人家属，并告知老人详细情况，做好沟通、安抚工作。

(6) 护理主管要求相关责任人对整个事件进行了解、记录，向院长汇报。

(7) 老人从医院转回机构后工作人员按照医嘱照顾老人，直至老人身体情况稳定。

(8) 对整个事件的发生进行具体分析、总结、学习。

(三) 注意事项

(1) 照顾老人时，密切观察老人的伤口，防止感染，谨防老人感冒等。

(2) 稳定老人、家属的情绪，要求每位员工不得以个人名义向外扩散消息，以免引起不必要的混乱。

(3) 如有家属来院探视，由护理部做好家属的思想工作和接待工作。

(4) 如有新闻媒体要求采访，必须经过院长同意，未经同意，任何人不得接受采访，以免报道失实。

三、老人意外烧烫伤的应急处理流程图

老人意外烧烫伤的应急处理流程图见图4-2。

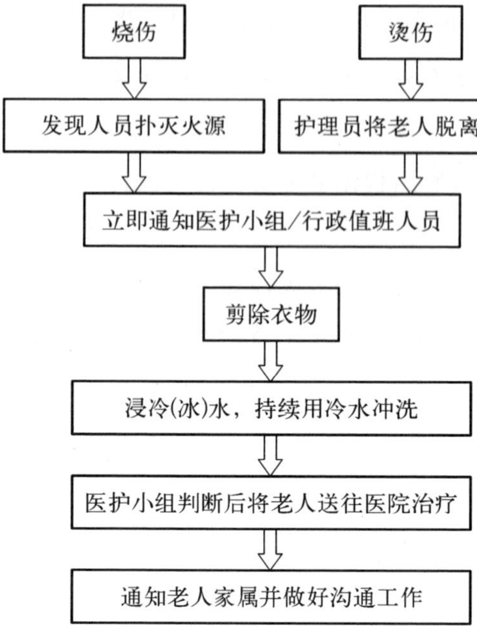

图 4-2　老人意外烧烫伤的应急处理流程图

第三节　老人触电和机械伤害的应急预案与流程

一、老人触电和机械伤害意外事件的防范

（1）严禁院内工作人员宿舍私拉电线、私用电炉、电热毯等电器。

（2）安排专人负责电力维护工作，做到专人管理。及时对工作人员进行用电安全常识的教育和培训。

（3）定期对厨房、老人房间进行排查，重点检查厨房、淋浴间各类电器电线是否破损，电盘是否灵敏，避免因天气潮湿造成电路短路，查看老人房间是否存在私用电器等现象，对发现的问题应及时解决。

(4) 教育引导院内人员正确用电，禁止私自接电，发现用电安全隐患及时报告并正确处理。

(5) 严格按照机械操作规程使用，严禁违规操作机械设备。

(6) 使用完成后应立即切断电源，确定机械停止运转。

二、老人触电和机械伤害时的应急预案

(一) 预案目的

老人在发生触电、机械伤害情况时，确保能得到及时的救治，挽救生命，减少不必要的损失。

(二) 操作流程

(1) 第一个发现老人触电、机械伤害的人员，应立即切断电源(手动切断电源或用木棍等)、停止机械运作，通知安全管理员。

(2) 检查老人身体情况，如老人发生心跳、呼吸停止等情况，立即就地进行心肺复苏抢救，通知医护小组，向行政值班人员汇报。

(3) 经医护小组工作人员判断后，根据老人受伤情况，拨打 120 急救电话送老人去医院治疗。

(4) 向院领导汇报，并全程跟踪事件发展。

(5) 通知家属，并告知老人具体情况，做好沟通、安抚工作。

(6) 安全管理员和护理主管对整个事件进行详细了解，对事件发生地进行安全排查工作，找出事件发生原因，并记录。

(7) 老人从医院转回机构后工作人员按照医嘱照顾老人(给老人准备营养汤)，直至老人身体情况稳定。

(8) 对整个事件的发生进行具体分析、总结、学习。

(三) 注意事项

(1) 在未切断电源前，不可接触触电者身体。

(2) 稳定老人、家属的情绪，要求每位员工不得以个人名义向外扩散

消息，以免引起不必要的混乱。

（3）如有家属来院探视，由护理部做好家属的思想工作和接待工作。

（4）如有新闻媒体要求采访，必须经过院长同意，未经同意，任何人不得接受采访，以免报道失实。

三、老人触电和机械伤害的应急处理流程图

老人触电和机械伤害的应急处理流程图见图 4－3。

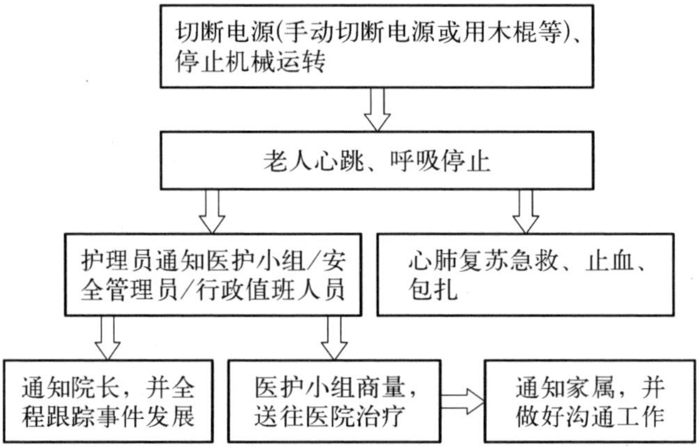

图 4－3　老人触电和机械伤害的应急处理流程图

第四节　老人摔伤的应急处理预案与流程

一、老人摔伤事件的防范

（1）做好后勤保洁工作，保持好院内地面尤其是老人经常活动区域的地面清洁干燥，及时清理地面杂物。

（2）遇雨雪天气时，公共活动区域要做好地面防滑工作，并设置防滑警示牌，铺垫防滑垫，防止老人滑倒、摔伤。

(3) 院内家具、用具等设施设备的摆放、存放高度要适中，以方便老人使用。

(4) 院内灯光的设置要利于老人视物，当发生停电时，应立即启动应急灯，防止老人因慌张、黑暗等因素导致摔伤事件。

(5) 卫生间、浴室要设置防滑垫和洗澡椅，便桶的高度要适中，设置扶手栏，要利于老人起身，浴前浴后要保持地面干燥。

(6) 楼梯处应设置提示牌，提醒老人不穿高跟鞋、拖鞋，并靠边行走，下楼梯时应握住扶手。

二、老人发生摔伤事件的应急预案

(一) 预案目的

当老人发生摔伤事件时，能够及时地给予老人救援，确保老人生命安全，把给老人造成的伤害降到最低程度，保障老人能够得到及时救治。

(二) 操作流程

(1) 当发现老人摔伤时，应及时联系医护人员，并查看老人伤势，严重的，及时拨打 120 急救电话，送往附近医院救治。

(2) 搬运老人时，要根据老人的摔伤轻重程度搬运老人。

(3) 当老人发生轻微的摔伤时，未造成骨折的，可进行院内医务护理，并将老人送往床上休息，安抚老人情绪。

(4) 及时通知老人家属，并向上级报告事件情况。

(三) 注意事项

(1) 当老人发生摔伤事件时，须由专业护理人员判断老人伤势，才能移动老人，以防止不当行为给老人造成二次伤害。

(2) 在进行医治过程中，不可忽视对老人精神的安抚，控制老人情绪，防止因摔伤给老人心理造成不良影响。

(3) 须及时告知家属，安抚家属情绪，据实相告，不得欺瞒。

三、老人发生摔伤事件的应急处理流程图

老人发生摔伤事件的应急处理流程图见图 4-4。

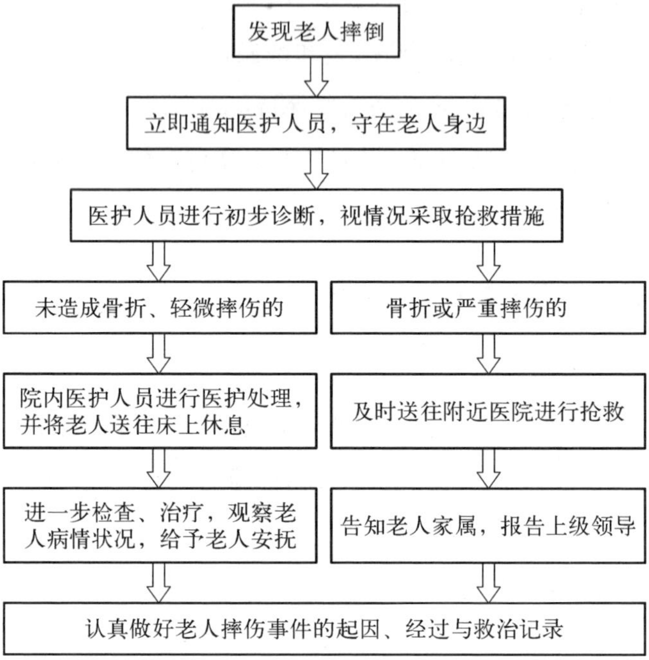

图 4-4　老人发生摔伤事件的应急处理流程图

第五节　老人走失的应急处理预案与流程

一、老人走失事件的防范

（1）了解负责区域内住养老人情况，对有阿尔茨海默病及阿尔茨海默病倾向的住养老人要重点观察和接触。改善服务态度，加强心理护理，满足住养对象的合理要求，使住养对象能安心住院。

（2）对易走失的住养对象，安排外出活动时，必须有专人看护，组织

活动外出时，定时清点人数。

(3) 门卫留意出院对象：半护理区住养对象带信息卡及出具请假单方可出行，全护理区住养对象由亲属带领且出具请假单方可出行。

(4) 对于自由进出的住养对象，须掌握住养老人的活动去向，交接班时要清点人数。

二、老人发生走失事件的应急预案

(一) 预案目的

在老人发生外出或不归时，能及时找到老人，保障老人的生命安全，尽量减少老人受到的伤害。

(二) 操作流程

(1) 当发现老人外出或不归时，立即通知医护小组，向行政总值班人员汇报。

(2) 从门卫处查看老人外出记录(门卫处老人外出登记、摄像记录等)，询问相关工作人员老人外出原因及具体情况，尽可能搜集更多信息寻找老人。

(3) 到小区内寻找老人，查看小区门口录像、询问小区附近人员等，查找老人去处。

(4) 联系老人家属，寻找老人，上报请求有关部门协助寻找老人：

① 老人返回院里后，查看老人身体情况，按有关规定对整个事件进行处理；

② 老人确属不归的，由医护小组对老人的物品进行清点、保管，立即上报有关部门。

(5) 安抚老人及家属情绪，做好疏导、沟通工作。

(6) 护理主管对整个事件进行调查，分析事件发生的原因，加强员工学习、培训等，采取适当措施，严禁类似事件再次发生。

（三）注意事项

（1）老人返院后，对老人进行身体、精神等方面的评估，根据老人的实际情况确定老人以后能否自行外出。

（2）必要时，采取一定的安全措施，禁止老人自行外出，防止类似事件再次发生。

（3）稳定老人、家属的情绪，要求每位员工不得以个人名义向外扩散消息，以免引起不必要的混乱。

（4）如有家属来院探视，由护理部做好家属的思想工作和接待工作。

（5）如有新闻媒体要求采访，必须经过院长同意，未经同意，任何人不得接受采访，以免报道失实。

三、老人发生走失事件的应急处理流程图

老人发生走失事件的应急处理流程图见图4－5。

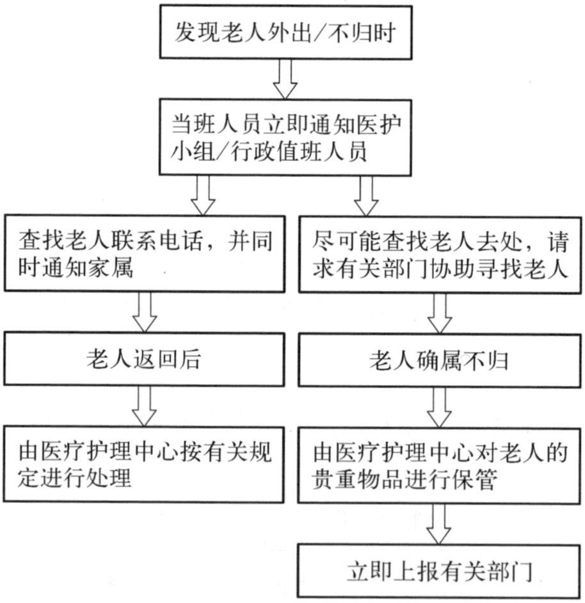

图4－5　老人发生走失事件的应急处理流程图

第六节　老人猝死的应急处理预案与流程

一、老人发生猝死时的应急预案

（一）预案目的

老人发生猝死时，工作人员能及时果断采取有效的措施，处理突发事件，保障老人身体健康与生命安全。

（二）处置措施

（1）发现或接收到老人发生猝死的信息时，马上赶到现场，查看老人情况，立即通知医护小组（医生、护理主管、班组长）利用胸外心脏按压、人工呼吸等急救措施就地抢救，向行政总值班人员汇报。

（2）若老人病情紧急，工作人员应配合医生就地进行抢救，根据医护小组商量判断，拨打120急救电话，派人陪同到医院治疗。

（3）通知老人家属，做好沟通和安抚工作。

（4）护理主管要求有关责任人对整件事情进行详细调查取证、记录，并向院长汇报。

（5）医院医生出具死亡证明书后，协助医护人员了解家属是否需要其他协助如殡仪馆服务等。

（6）对整个事件的发生情况进行分析、总结。

（三）注意事项

（1）稳定其他老人、老人家属的情绪，要求每位员工不得以个人名义向外扩散消息，以免引起不必要的混乱。

（2）如有家属来院探视，由护理部做好家属的思想工作和接待工作。

（3）如有新闻媒体要求采访，必须经过院长同意，未经同意，任何人不得接受采访，以免报道失实。

二、老人发生猝死时应急处理流程图

老人发生猝死时应急处理流程图见图 4－6。

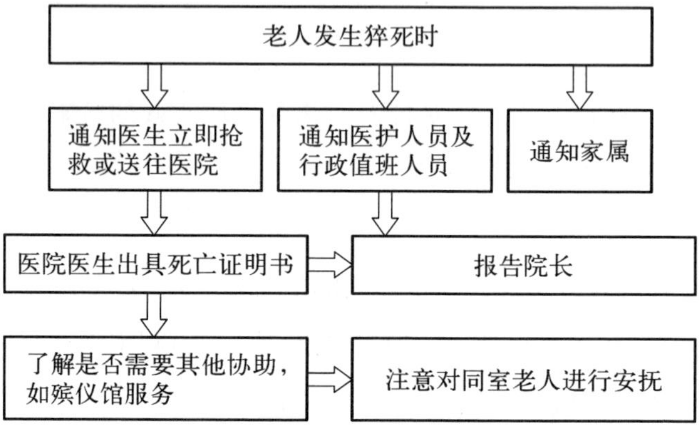

图 4－6　老人发生猝死时应急处理流程图

第七节　老人有自杀倾向或自杀的应急处理预案与流程

一、老人心理问题的预防与治疗

（1）定期体检，预防身心疾病。

（2）定期评估老人的心理状况，对已存在或可能存在心理问题的住养老人进行介入。

（3）为老人提供优质的护理服务，保证住养老人心情愉悦。

（4）为住养老人提供充分的运动时间。

（5）设计规律生活作息方案，保证充足睡眠。

（6）加强人际交往，回归社会，参加社会活动。

（7）定期与家人联系，组织家人聚会。

（8）定期举行心理讲座，学习心理问题的处理方法。

（9）开展住养老人心理工作坊。

（10）增强护理人员责任心，了解住养老人思想动态，因势利导做好心理护理，在自杀高发时段（清晨）应加强巡视。

（11）熟知住养老人产生自杀倾向的征兆：情绪不稳定、失眠，不寻常的就医要求，完成私人事务（如注销银行账户、探访朋友），体能下降、疲惫，拒绝援助，不寻常的恐惧或紧张。

（12）确认存在心理问题的住养老人应当按时按量服药。

二、老人有自杀倾向或自杀的应急预案

（一）预案目的

老人有自杀倾向或自杀时，能及时采取有效措施，保障生命安全，降低损伤。

（二）操作流程

1. 老人有自杀倾向时

（1）立即报告医护小组，检查、没收私藏药品、锐利危险物品等。

（2）告知老人家属须 24 小时监护，不得离开。

（3）密切观察老人心理变化，及时做好疏导、沟通工作。

（4）查找老人自杀原因，护理主管及社工跟进，做好老人心理护理。

2. 发现老人自杀时

（1）立即通知医护小组，赶赴现场就地抢救，向行政值班人员汇报。

（2）保护现场。

（3）必要时，医护小组商量拨打 120 急救电话，派人陪老人到医院进

行治疗。

（4）通知公安部门到场。

（5）通知老人家属，做好老人家属沟通、安抚工作。

3. 事后处理

（1）护理主管对有关责任人和整件事情进行详细了解、记录，向院长汇报。

（2）老人从医院转回机构后工作人员按照医嘱照顾老人，直至老人情况稳定。

（3）社工跟进，继续密切观察老人情绪变化，做好疏导、沟通工作。

（4）必要时，经过家属同意可采取一定的强制措施，防止类似事情再次发生。

（5）对整个事件的发生进行具体分析、总结、学习。

（三）注意事项

（1）老人有自杀倾向时，要及时联系老人家属，共同帮助老人解开心结，解决令老人感到困惑的问题。

（2）必要时，请家属带老人到专业医院进行心理治疗。

（3）第一个发现老人自杀的员工要争分夺秒立即抢救老人。

（4）稳定老人、家属的情绪，要求每位员工不得以个人名义向外扩散消息，以免引起不必要的混乱。

（5）如有家属来院探视，由护理部做好家属的思想工作和接待工作。

（6）如有新闻媒体要求采访，必须经过院长同意，未经同意，任何人不得接受采访，以免报道失实。

三、老人有自杀倾向或自杀的应急流程图

老人有自杀倾向或自杀的应急流程图见图 4－7。

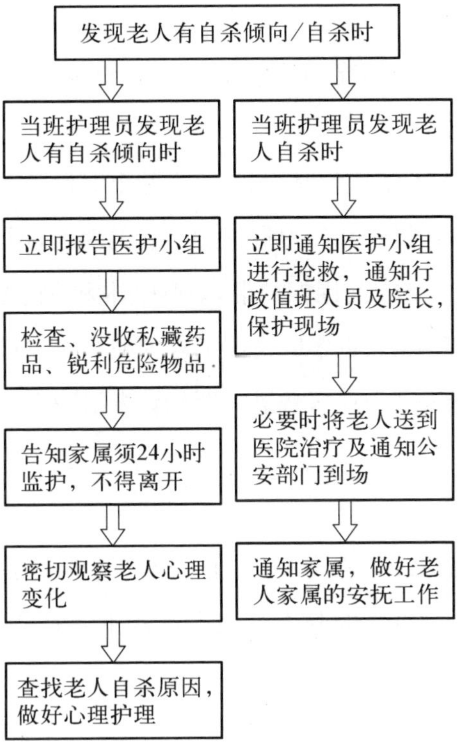

图 4－7　老人有自杀倾向或自杀的应急流程图

第八节　老人精神异常的应急处理预案与流程

一、老人精神异常时的应急预案

（一）预案目的

在老人发生精神异常时，能及时采取有效的安全措施，保障老人及其他人的安全。

（二）操作流程

（1）当班护理员发现老人有精神异常情况时，立即通知医护小组，并向行政值班人员汇报。

（2）根据老人实际情况，采取一定的安全保障措施，以免老人自伤或伤及他人：

① 密切观察老人精神状况，制订适合的个案护理方案，社工跟进。

② 老人出现过激行为时，根据医护小组的决定，严格按照规章制度，家属签订同意书，给老人使用保护带，采取躯体束缚措施，限制老人活动。

③ 通知老人家属，根据实际情况要求家属24小时陪护。

（3）家属带老人到专业医院进行明确诊断、治疗，严格按照医嘱照顾老人。

（三）注意事项

（1）老人有自伤或威胁他人安全的过激行为时，给老人使用保护带。

（2）老人情况严重影响院内其他人正常生活时，联系家属把老人带离敬老院。

二、老人精神异常时的应急流程图

老人精神异常时的应急流程图见图4－8。

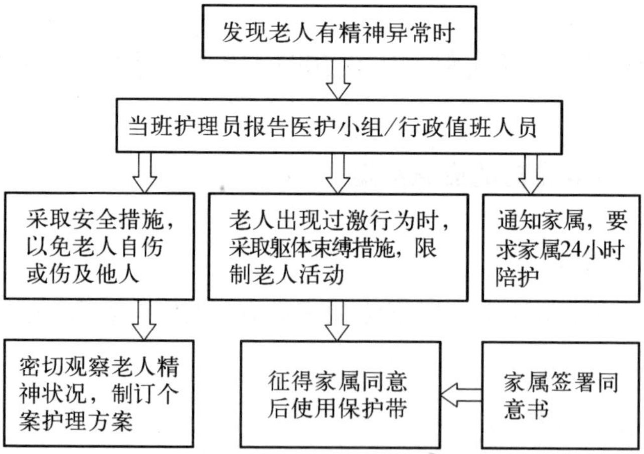

图4－8　老人精神异常时的应急流程图

第九节　老人身故的应急处理预案与流程

一、老人身故的应急预案

（一）预案目的

在老人发生身故事件时，及时协助家属处理好老人身故时的事务。

（二）操作流程

（1）前提是老人发生疾病，经120医生抢救无效。

（2）医院医生开具死亡通知书，护理主管通知老人家属、院长。

（3）医护小组了解家属是否需要其他协助，如殡仪服务等。

（4）记录老人死亡处理事件。

（5）安抚老人家属情绪，协助家属做好老人遗物整理事务等。

（三）注意事项

（1）注意观察120医生抢救老人的全过程，包括医生对老人采取的身体检查项目、抢救措施以及老人的生命体征等。

（2）准确记录整个事件发生、发展的过程及时间。

二、老人身故应急处理流程图

老人身故应急处理流程图见图4－9。

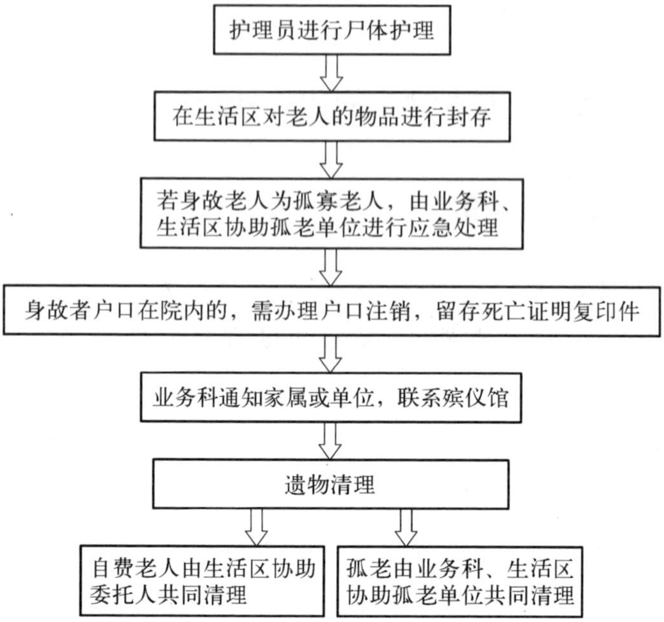

图 4-9　老人身故应急处理流程图

第十节　暴力侵害事件的应急处理预案与流程

一、暴力侵害事件的防范

(1) 做好安全保卫工作,加强院内巡逻。

(2) 加强外来人员管理,如发现可疑人员,应及时制止并拨打 110。

(3) 加强安保人员的专业培训,提高安保人员的保护意识。

(4) 在院内安装防护系统,设置警报器、摄像头。

二、暴力侵害事件的应急预案

(一) 预案目的

建立暴力侵害事件的应急预案,是为了当发生暴力侵害事件后能够保护院内老人和员工的生命安全，减少机构人、财、物的损失，及时救治伤员，防止事态的恶化。

（二）操作流程

（1）院内安保人员应立即到达现场，采取防护措施，及时阻止暴力事件，控制不法分子，交由公安机关处置。

（2）及时报警，协助公安机关擒获暴力犯罪分子。

（3）针对不同暴力性质的事件，应采取制止、劝阻、保护、求援等手段进行应急处理。

（4）在未造成人员伤亡的情况下，应对施暴人员进行劝阻，防止事态恶化、矛盾激化。

（5）针对发生重大人员伤亡、财物损失的，应以救治伤员为主，并采取武力制止暴力行为。

（6）及时报告上级主管部门，做好新闻报道工作。

三、暴力侵害事件的应急处理流程图

暴力侵害事件的应急处理流程图见图 4－10。

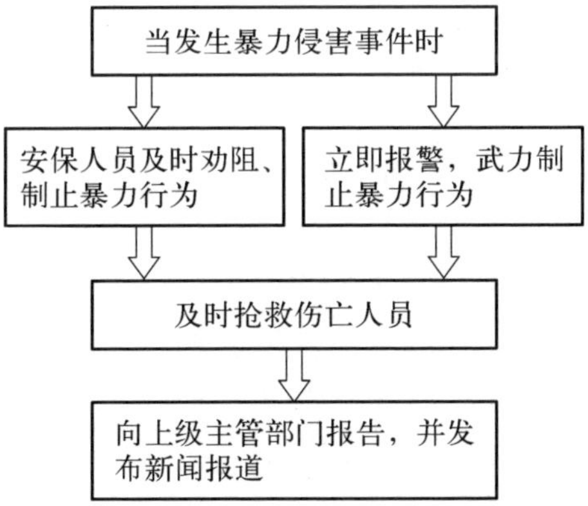

图 4－10　暴力侵害事件的应急处理流程图

第五章

突发疾病的应急处理

养老机构的服务对象主要为中高龄老年群体。由于年龄的逐渐增长，老人可能出现生理机能的下降或丧失，同时不可避免地患有各种疾病，因此，在院内护理服务工作中，护理人员及机构管理人员应做好老人突发疾病的预防工作与应急处理工作。养老机构护理人员要认真了解和熟知每位老人可能存在的多种疾病情况，做好备案工作，并在日常医务护理中格外重视，做好老人慢性病的控制与急性病的救治。当老人突发疾病时，须及时通知医务人员进行救治，或送往医院抢救。更为重要的是，机构应做好护理区域的消毒工作，预防传染病，控制感染源，当老人出现传染病感染状况时，及时进行隔离，并送往医院进行治疗。

第一节　老人突发疾病时的应急预案与流程

一、老人突发疾病时的应急预案

（一）预案目的

养老机构内的工作人员在面对突发疾病的老人时，能够及时、果断地按照应急预案流程应对，将对老人的伤害降至最低。

（二）操作流程

（1）养老机构当班负责人接到老人突发急症的通知时，应立即联系医护人员赶至现场进行紧急救治，同时立刻赶至现场了解老人情况，并上报养老机构领导或行政总值班人员。

（2）经过评估小组决定：

① 若老人病情稳定，医护人员给予相应的治疗措施，并告知养老机构护理员照护要点与注意事项，同时安抚好同室老人，避免紧张情绪蔓延。

② 若老人病情危重，医护人员应果断就地抢救，并根据老人的情况，及时拨打120急救电话，由专人陪同将老人送至医院救治。

（3）养老机构当班负责人或行政总值班人员将老人病情与现状告知老人亲属，并做好亲属的情绪安抚工作。

（4）护理部主任和当班负责人对老人突发疾病事件进行调查了解，将结果进行书面记录，并向养老机构领导汇报。

（5）在老人出院返回养老机构后，工作人员应按照医嘱为老人提供高品质的照护服务，包括饮食支持、康复训练等，直至老人身体状况逐渐恢复。

（6）在老人突发疾病事件告一段落后，养老机构相关负责人对事件进行分析与总结，并在员工例会上分享经验，提高全体工作人员对老人突发疾病的应急能力。

（三）注意事项

（1）医护人员须密切观察老人生命体征的变化，如体温、脉搏、血压、呼吸、瞳孔灵敏度等，并准确记录。

（2）突发疾病的现场难免慌乱，工作人员须保持冷静，尽力安抚现场其他老人及其家属的情绪。同时，每位员工不得随意向外部发布未经许可的消息，以免引起公众误解或混乱。

（3）当老人直系亲属赶至养老机构探视老人时，应由护理人员及相关院领导进行接待，主动告知老人目前的情况，同时注意安抚家属的情绪。

（4）如果有新闻媒体记者闻讯希望报道事件，必须经过院领导同意后方可安排专人接受采访。

二、老人突发疾病时的应急处理流程图

老人突发疾病时的应急处理流程图见图5-1。

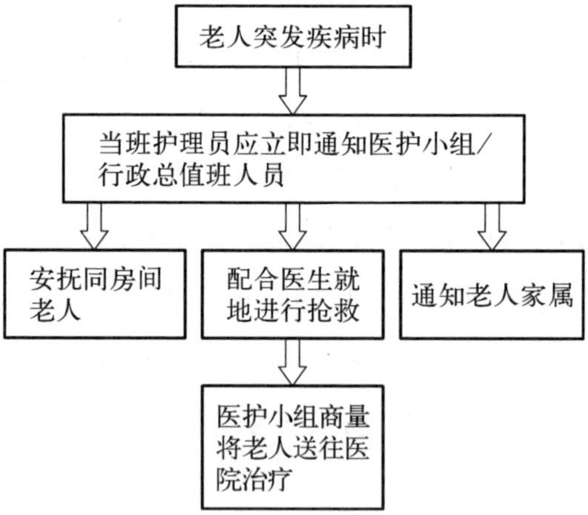

图5-1 老人突发疾病时的应急处理流程图

第二节　传染病救治的应急处理预案与流程

一、传染病的防治

（一）开展预防宣传教育

加强春、秋两季传染病预防和宣传教育，利用板报、公示栏等形式大力宣传春、秋两季传染性疾病的防治知识，增加户外活动，积极倡导住养老人养成良好的生活、卫生习惯，增强自我防护的意识和能力。

（二）严格执行晨检夜查制度

安排医务人员做好监测，一旦出现传染病症状，及时与人民医院和疾控中心取得联系。同时，要求夜班人员增加查房次数，做到早发现、早预防、早治疗。在生活区配备加湿器、消毒灯，对居室多通风、勤消毒。

（三）强化卫生管理

积极行动，彻底清理楼道、食堂、办公区、卫生间等重点场所的卫生死角，保持环境整洁、卫生，办公室每天定时通风换气，定期对院内重要场所进行消毒，有效切断病源。

（四）强化门卫登记制度

专门制定值班表，每天安排工作人员在门房值班，加强对来访人员的体温测量和入院登记工作。

（五）强化信息报送制度

主动与本地有关预防控制部门联系，严格执行传染病报告制度，及时了解疫情的传播情况，落实各项防控措施。

二、传染病救治的应急预案

（一）预案目的

及时有效地预防、控制和消除传染病的危害，保障老人身体健康与生命安全，维护正常的社会秩序。

（二）人群

在所属辖区内，《中华人民共和国传染病防治法》规定的传染病确诊者、疑似患者、密接患者等这些相关人群。

（三）应急处理

1. 发现、登记

工作人员按照要求填写门诊日志、出/入院登记本、影像科室报告或化验室检测结果登记本。根据医师首诊负责制，首诊医师在诊疗过程中发现传染病疑似患者或确诊患者后，应按照《中华人民共和国传染病防治法》填写传染病报告卡/单，之后按照上报流程操作。

2. 上报

(1) 上报程序与方式

在规定时间内，发现单位按相关要求通过电话、传真等方式第一时间上报情况，并立刻将传染病报告卡/单送至传染病预防控制处；若发现单位已开通传染病网络直报系统，可在第一时间使用该系统上报情况；根据传染病疑似患者或确诊患者的感染方式，怀疑该传染病有可能大范围流行时，应依据《突发公共卫生事件应急条例》向上级卫生行政部门报告。

(2) 上报时限

根据《中华人民共和国传染病防治法》，我国将传染病分为甲、乙、丙三类。其中甲类传染病传染性最强、病死率最高、最易引起大范围感染，一经发现，须在 2 小时内上报至传染病预防控制处。

而乙类、丙类传染病在一般情况下，须在 24 小时内上报。另外，虽然肺炭疽、传染性非典型肺炎、人感染高致病性禽流感、新型冠状病毒感染属于乙类传染病，但上报时间按照甲类传染病管理，须在 2 小时内上报。若发现不能确诊病原体的传染病或大面积暴发时，或发现其他传染病和不明原因疾病暴发时，皆应在 2 小时内上报。

上报方式参照“上报程序与方式”。

(3) 要反复核对传染病上报信息的准确性，严禁瞒报，一旦发生漏报，应重新核实后补报。

3. 应急处理

(1) 及时隔离。对传染病疑似患者或确诊患者，最好尽量原地隔离，以减少病原体传播。若所在的养老机构不具备隔离条件和相应的救治能力，应将老人的病历记录及检查报告单一并转移至具备隔离与救治能力的医疗卫生机构。

(2) 场所消杀。对养老机构内老人的生活区域、生活物品进行消杀处理，医疗废弃物由医废公司回收后焚烧处理。

(3) 调查和随访。养老机构有义务配合公共卫生部门开展流行病学调查，以及后续的随访工作。

(4) 密接者管理。养老机构有义务配合、协助公共卫生部门查找密切接触者，并根据公共卫生部门的要求做好管理工作。

(5) 协助疾控中心做好结核病和艾滋病的宣传、指导服务，相关技术要求参照疾控中心有关规定。

三、传染病救治的应急处理流程图

传染病救治的应急处理流程图见图 5 - 2。

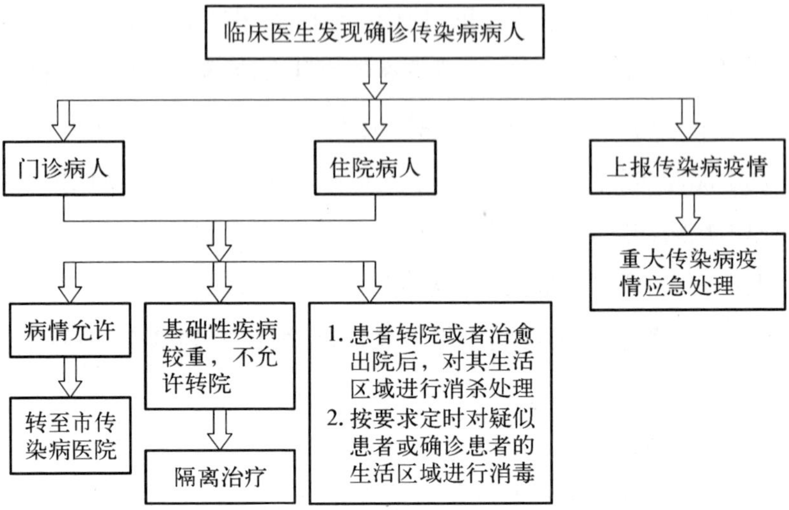

图 5-2　传染病救治的应急处理流程图

第六章

后勤故障与事故应急处理

养老机构后勤部门要做好后勤保障工作，做好各项设施设备的检修与维修工作，保证和维持机构的正常运行。在后勤安全工作中，后勤安全负责人要保证院内水电的正常使用，确保老人每餐的饮食卫生安全，并做好消防安全防范工作。针对可能出现的后勤故障与事故，需要做好相应的应急预案。当发生停水、停电、泛水时，应告知老人注意安全，及时采取应急措施，尽早恢复院内正常生活秩序；当发生食物中毒、火警、火灾或交通事故时，应坚持“生命第一”原则，将伤员送往医院，并开展相关的应急处理工作。

第一节　停水、突然停水的应急处理预案与流程

一、停水、突然停水的应急预案

（一）预案目的

为了有效、及时地处理停水及突然停水事件，减少停水对养老机构的影响及造成的损失，维持正常的工作秩序，在水电设备发生故障时尽量将影响降到最低。

（二）应急措施

（1）如遇到计划停水，应在接到停水通知后，立即做好停水应对准备工作，并告知老人及工作人员停水开始时间与结束时间。

（2）如发生突然停水，立即通知后勤负责人或行政总值班人员查找停水原因，尽早解决供水问题。

（3）做好调水的准备工作。

（4）后勤部门主管督促下属人员预备好适量的饮用水和生活用水。

（5）加强巡视，及时帮助老人解决饮用水或生活用水不够的问题。

（三）注意事项

（1）发生突然停水时要及时向老人们解释，安抚他们的情绪。

（2）水龙头应处于关闭状态，以免恢复供水后发生漏水。

（3）恢复供水后，如果自来水含有杂质或浑浊不清时，应先打开水龙头，空放自来水直至水流清澈。

二、停水应急处理流程图

停水应急处理流程图见图 6－1。

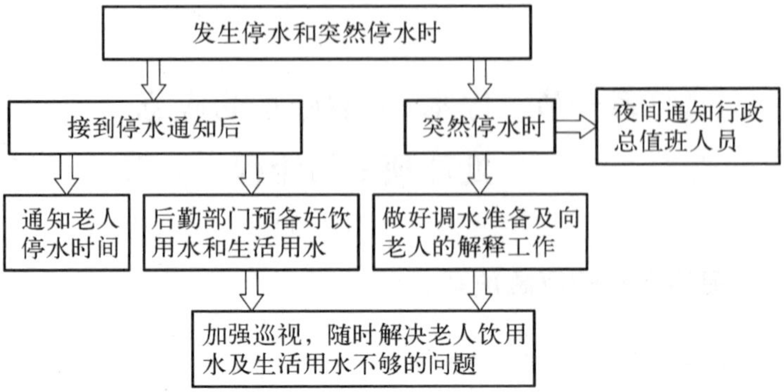

图 6－1　停水应急处理流程图

第二节　停电、突然停电的应急处理预案与流程

一、停电故障预防措施

（1）养老机构应正确选用各类用电产品的规格型号、容量和保护方式（如过载保护等），不应擅自更改用电产品的结构、原有配置的电气线路以及保护装置的整定值和保护元件的规格等。

（2）选择用电产品时应确认其符合产品使用说明书规定的环境要求和使用条件，并根据产品使用说明书的描述，了解使用时可能出现的危险及需要采取的预防措施。

（3）电器线路、电气设备的安装应由专业人员实施，安装完成后，依法进行检测。

（4）应在各楼面配备足够数量的手电筒和后备照明工具（如应急灯），并确保手电筒内有足够的备用干电池，各楼层员工及安全保卫部门应定期检查上述设施是否齐备。

（5）应加设一条后备电话线，若机构内电话系统因停电失灵，可与外界保持联系，并作紧急求救之用。

（6）定期储备必要的医疗用品，作应急之用。

二、停电、突然停电的应急预案

（一）预案目的

停电事件对养老机构影响甚大，为了尽可能地将影响降到最低，特制订该应急预案。当停电事件出现时，可以妥善安排机构内老人的生活作息，保证机构内工作的有序性、高效性，保持机构的正常运营。

（二）操作措施

（1）如遇到计划停电，应在接到停电通知后，立即做好停电应对准备工作，如准备应急手电筒，并告知老人及工作人员停电开始时间与结束时间。

（2）发生突然停电时，立即通知后勤部门相关负责人、行政总值班人员。

（3）进行抢修及汇报，立即通知院长并致电电力部门查找停电原因，如有需要马上请人维修。

（4）检查应急照明灯、手电筒是否备足，确保可供使用。

（5）护理员必须确保老人安全，及时检查老人情况。

（6）对事件进行分析、总结，必要情况下进行教育学习。

（三）注意事项

（1）加强巡逻，及时安抚老人的情绪，并对老人在房间内点蜡烛的行为加以劝阻，保障老人安全。

（2）若发生突然停电，相关负责人应立即关闭正在使用的电器，特别是大功率电器，以免恢复供电后损伤设备。

（3）停电时，在昏暗空间或夜间，老人应避免单独行动，若要活动，必须由养老机构护理员协助进行。

三、停电、突然停电的应急处理流程图

停电、突然停电的应急处理流程图见图 6－2。

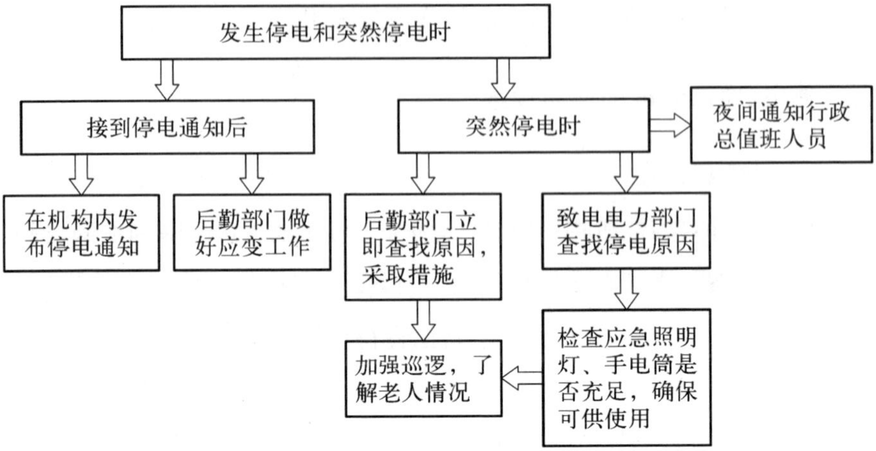

图 6-2　停电、突然停电的应急处理流程图

第三节　泛水的应急处理预案与流程

一、泛水的应急预案

（一）预案目的

以保护老人的人身安全为前提，及时、有效、快速地解决养老机构内泛水问题，维持正常的生活与工作秩序，减少损失。

（二）处置措施

（1）养老机构内突发泛水时，发现者应立即通知上级领导，或直接联系后勤部门负责人或行政总值班人员。

（2）当泛水事件发生后，后勤部门相关负责人应立即派人寻找泛水原因，并及时消除解决。

（3）若泛水问题无法消除，须立即通知维修部门，由维修部门安排专人修理。

（4）后勤部门主管应及时派人清扫泛水以及清理污水。

(5) 当维修专人前来修理时，现场人员须提供必要协助。

(6) 现场负责人须结合泛水发生原因进行复盘总结，并将报告提交给上级领导和院领导。

(三) 注意事项

(1) 在发生泛水的区域，应立即疏散人群，并放置显眼的防滑警示三角牌，以免发生滑倒事件。

(2) 将泛水情况和泛水区域通知给在住老人，并提醒老人不要擅自前往泛水区域，以免出现危险。

(3) 护理员应加强巡逻，及时了解老人的情况。

二、泛水的应急处理流程图

泛水的应急处理流程图见图 6－3。

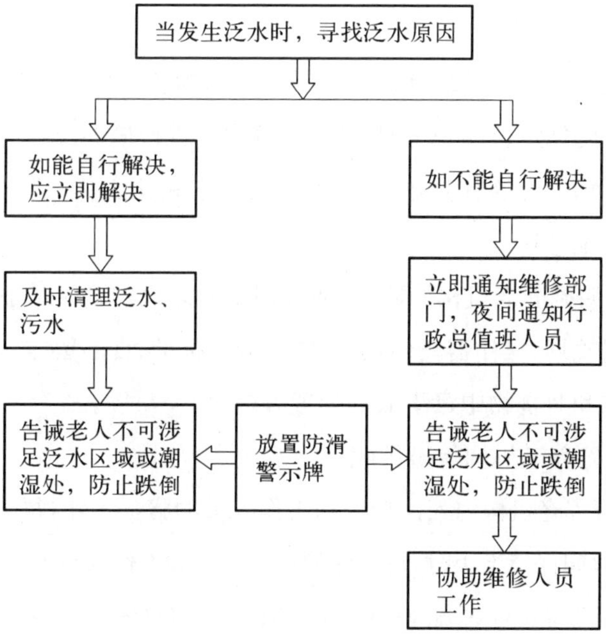

图 6－3　泛水的应急处理流程图

第四节　食物中毒事故应急处理预案与流程

一、食物中毒事故防范

（一）加强食物安全管理

（1）不采购变质食品，保管员、炊事员不收、不用变质食品，食品加工过程中严格执行食品卫生制度。

（2）食堂荤菜、素菜留样率100%，冷藏保管，并有记录。

（3）医务人员每天检查食品质量情况，并进行登记。

（4）护理人员发现住养老人有不洁食物要及时处理。

（5）护理人员要经常对老人的剩饭、菜等食品进行检查，及时处理。

（6）一旦发生食物中毒，立即向有关部门报告，并积极抢救中毒人员。

（二）完善食品安全管理规定

（1）对养老机构食堂负责人、从业人员，就食品安全法律法规、食品安全管理制度规定、食品安全基本知识等内容进行培训，然后再结合实例介绍预防食物中毒的有关知识，旨在提升养老机构工作人员以及入住老人的食品安全意识。

（2）要明确养老机构的职责，明确规定养老机构食堂从业人员要求、食品操作间规划、操作器具使用、生熟食制作标准、食品留样、大宗食品采购索证索票和对食物中毒事故的处置等内容。

（3）明确养老机构炊事员职责：

① 负责养老机构内入住老人和工作人员的膳食工作，每天三餐，按时供应，开饭时间保持半小时，每天保障入住老人和工作人员的热水供应。

② 注意营养，合理配餐，根据五保对象的饮食特点或医嘱安排好伙食。

③ 做好卫生和消毒工作，保持食堂内清洁卫生，做好防蝇、防鼠、防霉变、防毒工作，预防传染病。

④ 禁止非工作人员进入后厨，以免影响食堂正常工作。

⑤ 保护食堂财产，加强成本核算，减少损失和浪费。

⑥ 加强业务知识学习，努力提高烹饪技能。

（4）明确食品安全责任，督促建立餐饮食品安全管理制度，制作食品安全公示牌，办理餐饮服务许可证。

（5）制定养老机构食堂管理制度：

① 厨房的厨具和公用物品，必须指定专人负责保管，进出物品要登记造册，损坏和消耗的物品须经院长同意方可报损。

② 食堂的库存如大米、食油、调料等存放在保管室内，指定专人保管，进出库要登记，并做到账目相符。

③ 安排好食谱，讲究干湿相济、粗细调理、荤素搭配，保证老人按时就餐。

④ 坚持公开办事制度，伙食费每月结算公布。

⑤ 成立膳食委员会，听取意见改进膳食。

（6）有需要的话对养老机构食堂的硬件设施进行改造，食堂实行网格化管理，落实监管人员，加强日常监督检查和规范指导，及时消除食品安全隐患，为老年人提供安全、和谐、有序的食品安全环境。

二、食物中毒应急预案

（一）预案目的

及时有效预防、控制和消除突发食物中毒事件的危害，保障老人身体健康与生命安全，维护正常的社会秩序。

（二）操作流程

（1）发现情况后立即向医护人员和行政总值班人员汇报，并通知院长及老人家属。

(2) 以最快速度将中毒人员送往医院。

(3) 由医护人员封存现有食物,无关人员不允许进入食堂。

(4) 无关人员未经批准不准到医疗单位探视,以免影响治疗秩序。

(5) 根据院领导要求,分别向上级主管部门和防疫部门报告。

(6) 总结事故发生的原因并进行分析。

(三) 注意事项

(1) 稳定老人及家属情绪,要求各类人员不得以个人名义向外扩散消息,以免引起不必要的混乱。

(2) 如有个别家属来院探视,由护理中心做好家属的思想工作和接待工作。

(3) 如有新闻媒体要求采访,必须经过院长同意,未经同意,任何单位和个人不得接受采访,以免报道失实。

三、食物中毒事故应急处理流程图

食物中毒事故应急处理流程图见图 6 - 4。

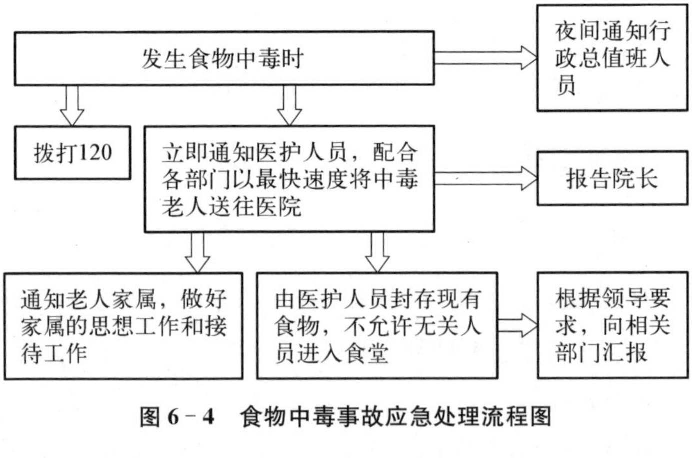

图 6 - 4　食物中毒事故应急处理流程图

第五节　消防安全与火灾事故的应急处理

一、消防安全与火灾事故的防范

（1）机构应贯彻执行各项消防法律法规，建立并落实逐级消防安全责任制和岗位消防安全责任制，明确各级和各岗位消防安全职责，确定各级、各岗位的消防安全责任人。全面提高检查消除火灾隐患、组织扑灭初起火灾、组织人员安全疏散逃生、消防宣传教育培训等“四个能力”建设。

（2）组织管理消防安全管理职能部门、专职或兼职消防工作人员、志愿消防员。

（3）制订、执行消防安全管理制度、操作规程、消防安全年度计划、消防应急预案及消防整改、改造方案等，组织实施日常消防安全管理工作。

（4）组织实施消防设施、灭火器材和消防安全标志的维护保养，确保完好有效，确保疏散通道、安全出口的通畅。

（5）定期开展各项消防法规、制度、操作规范、消防知识技能的宣传教育培训，定期组织灭火和应急疏散演练。

（6）入住老人应当遵守机构安全管理规定，自带电器须经机构同意，严禁使用电炉、电加热器（如热得快）等存在消防安全隐患的器具。应使用检验合格并在规定使用期限内的产品，了解产品性能及可能出现的危险，与可燃物保持安全距离。

（7）严禁私拉乱接电灯、电线，禁止私自安装电闸、插座、变压器等，电气线路连接和设备安装应由具备执业资格的人员负责。

（8）禁止在有火灾、爆炸危险的场所使用明火。因特殊情况需要进行电气焊、焚烧等明火作业的，动火部门和人员应按照机构的用火管理制度办理审批手续，落实现场监护人，在确认无火灾、爆炸危险后方可动火施工。动火施工人员应遵守消防安全规定，并落实相应的消防安全措施。

(9) 易燃易爆危险品、氧气瓶和有毒物品由专人保管、专人使用。易燃易爆危险品应单独放置于有安全措施的地方，不得与居住场所设置在同一建筑物内，并应与居住场所保持安全距离。严禁与其他物品混杂堆放，严禁携带烟火入内，并设置明显标志，注明品名、特性、防火措施和灭火方法。

(10) 在养老机构内实行三级安全检查制，机构消防安全管理职能部门每月组织一次防火检查，其他部门每周组织一次部门防火安全检查，班组、岗位每日进行防火巡查。

(11) 加强火灾安全教育，如有关消防法规、消防安全管理制度和操作规程，本机构、本岗位的火灾危险性和防火措施，有关消防设施的性能、灭火器材的使用方法，报火警、扑救初起火灾以及自救逃生的知识和技能，组织、引导在场群众疏散的知识和技能等。

二、灭火和应急疏散的应急预案与演练

（一）预案目的

为使员工在发生火灾时能够有序地组织扑救和人员疏散，将伤亡和损失降至最低程度，根据公安部发布的《机关、团体、企业、事业单位消防安全管理规定》的要求，结合机构的实际情况，制定本制度。

（二）预案制定内容

灭火和应急疏散预案应包括下列内容：

(1) 单位的基本情况，包括单位的占地面积、建筑面积、建筑等级、消防水源、消防设施及单位周围环境。

(2) 假设起火部位，包括起火时间、原因及危及附近建筑物、设施等

危险程度，燃烧物质、面积及火势可能蔓延的方向，火灾损失及人员伤亡情况等。

(3) 组织机构，包括火场指挥部、通信联络组、灭火行动组、疏散引导组、安全防护救护组、供水组、后勤组、警戒组等。

(4) 明确各组的任务、组织程序和措施与各级指挥员及参战人员的职责。

(5) 绘制假设火灾部位及周围环境的平面图，图中应标明消防水源情况，各组所在位置和扑救火灾、疏散人员(物品)的行动路线。

(三) 演练时间

根据《机关、团体、企业、事业单位消防安全管理规定》以及灭火和应急疏散预案，至少每半年组织一次演练，并结合实际，不断完善预案。

(四) 方法和要求

(1) 各机构在组织消防演练时，事前要向机构领导报告，得到许可后，方可进行演练，有关领导和部门应给予大力支持。

(2) 消防演练时，应在假设火灾现场设置明显标志，火场指挥员和参加人员应佩戴标志。

(3) 举行消防演练时，应周密计划、严肃认真，尽量不影响工作。

三、发生火警火灾时的应急处理

(一) 预案目的

为了及时有效地在火警火灾发生时最大限度地保护院内老人的安全，将损失降到最低程度，维护院内秩序，特制定本预案。

(二) 处理措施

(1) 发现火灾后迅速判断火情，报 119 火警中心、120 救护中心，向行政总值班人员汇报，并通知院长到现场进行指挥。

(2) 院内各楼面安全疏散引导员引导抢救老人，将老人疏散到安全地带（如广场），护理主管及办公室人员在安全地带安抚、照顾老人。

（3）院长任总指挥，后勤主管负责带领后勤部门进行现场灭火。

（4）门卫接引消防队员赶到现场，并向其简单描述灾情。

（5）无关人员不得进入现场，如有老人伤亡立即由120救护中心送至附近医院就医。

（6）由院内行政人员负责保护现场，收集发生火灾时的证物，为事故调查提供依据。

（7）根据院领导的要求，向上级主管报告，并对事故发生的原因进行分析、总结，对安全隐患进行重点排查。

（三）注意事项

（1）工作人员要保持冷静，不要惊慌失措引起老人混乱。

（2）稳定老人情绪，不要留在危险地带，严格阻止老人回火灾现场拿遗留物品。

（3）如有可能应尽力扑救，控制火势蔓延。

（4）除报警外，不使用电话。

（5）除不得已，不敲窗跳楼或随意开窗。

（6）离开现场时，应随手把经过的门关上。

（7）如被烟雾笼罩或能见度低，应伏地沿墙慢慢爬行或去另一通道，用湿毛巾捂住口鼻等部位。

（8）发现因电失火时绝不能用水灭火。

（9）如正处在室内，发现烟从门缝进来，应先用手在门的上部试探一下，如感觉到很烫，说明门外正在燃烧，不要开门，应采取措施防止烟雾进入。

（10）疏散人员要走安全通道。

（11）按先自理老人、后全护理老人的原则疏散老人，全护理老人在移动的过程中必须有护理员陪同。

四、发生火灾事故的应急处理流程图

发生火灾事故的应急处理流程图见图 6-5。

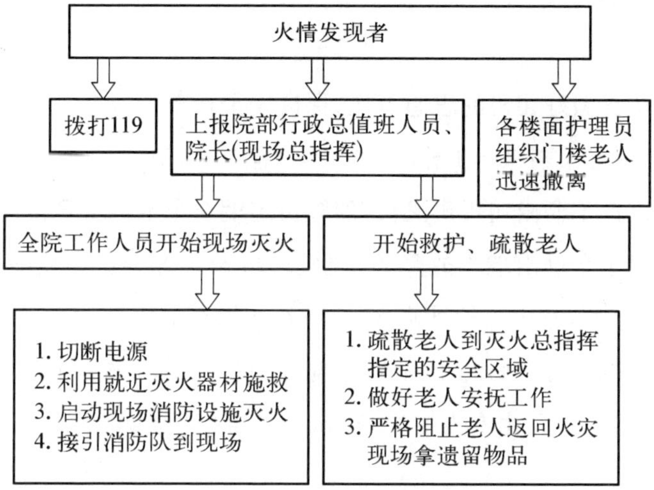

图 6-5　发生火灾事故的应急处理流程图

第六节　交通事故的防范与应急处理

一、交通事故的防范

（一）加强交通安全教育

（1）司机的聘任必须严格按照驾驶规定选聘，新员工上岗前须接受交通安全知识和驾驶操作的考核，考核合格后方可入职。

（2）机构定期或不定期组织司机参加交通安全学习，主要学习交通法规、机动车驾驶员文明守则以及交通事故实际案例，增强司机的安全交通意识。

（3）机构可每季度组织司机参加交通法规考试，使司机时刻牢记交通法规的重要性。

（4）机构部门领导可定期或不定期开展安全交通讲座或座谈会，不断丰富司机的安全知识，增强安全意识，并让他们谈谈自己的认识和看法。

（5）认真做好司机的思想工作，保证安全行车。

（二）做好车辆保养工作

（1）机构车辆由司机班班长、驾驶员定期对车辆进行日常保养工作。

（2）对于车辆出现小故障的，司机班班长及驾驶员个人能进行小修的，应自行维修，减少出外维修次数，节约车辆管理成本。

（3）不能进行自修的车辆故障，应及时报告后勤物业主管，并送往机构固定汽车维修厂，由专人专项负责，开具维修发票单，以交予后勤中心报销、做账。

（4）车辆出现大故障，需进行大修、更换大型配件的，需要填写车辆维修申请，得到物业主管的审批后，方可进行维修。

（5）进行维修时，不得擅自更改、编造维修项目，如需更改、增加的，应及时报告上级领导，得到批准后方可进行。

（6）驾驶员出车时应认真填写《出车登记表》，将车辆的驾驶情况和保养情况及时记录下来。

（三）加强车辆管理

（1）加强对来往车辆的排查与管理，严禁不明车辆进入机构。

（2）车辆须由专人负责，未经批准，驾驶员不得私自更换车辆等。

二、交通事故应急处理预案

（1）当发生轻微交通事故时，仅造成车、物损坏的，或人员造成轻微擦伤的，应在不影响正常交通秩序的前提下，快速通知交警，离开行驶道路，在一旁等候处理，也可自行协商处理，同时须及时报告给机构的安全部门。

(2) 当发生交通事故后，有重大恶劣影响的，但并未造成人员伤亡的，事故当事人应立即报案，并服从交警的指挥，按要求撤离现场，恢复正常交通秩序，等待交警处理，同时报告给机构的安全部门。

(3) 当发生重大交通事故，造成人员伤亡的，应立即保护好现场，设置警告牌，及时报警，并拨打急救电话或将伤员送往医院急救。及时和机构取得联系，请求协助处理。

三、交通事故应急处理流程图

交通事故应急处理流程图见图 6-6。

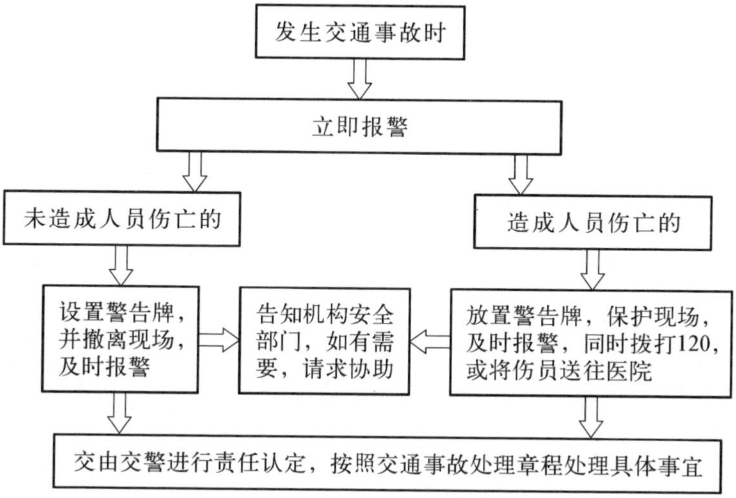

图 6-6　交通事故应急处理流程图

第七章

自然灾害危机防范与应急处理

自然灾害是一种非人力因素造成的灾害事故，它是一种自然现象。面对自然灾害，各养老机构可根据所在区域的自然天气特征和地质地貌特点等自然因素，具体制订符合自身实际的自然灾害事故的预防与应急预案。本章主要针对华东地区经常出现的自然灾害（如台风、雷雨天气、洪涝灾害等）的危机防范与应急处理作简单的介绍。该区域的养老机构需要做好自然灾害的防范工作，避免灾害事故的发生，降低灾害事件所造成的重大损失和伤害程度。

第一节　台风、雷雨天气的应急处理预案与流程

一、台风、雷雨天气防范指导意见

为防范因雷电、暴雨、台风等灾害性天气引起的季节性不安全因素，降低各类安全事故发生的可能性，机构内各部门应在以下几个方面进行检查工作，确保老人的生活不受影响。

（一）确保设施设备投入正常使用

（1）对机构内的供配电设施及线路、燃气管线、供排水管线进行一次全面检查，对存在安全隐患的设施设备及线路要及时维修或更换，确保设备正常运行。

（2）告知员工和服务对象，夏季使用空调、电风扇、电器插座、电蚊香等的安全注意事项，严格遵守操作规程。机构内严禁使用明火点燃式蚊香，杜绝火灾事件发生。

（3）加强防雷设施的检测，保证防雷设施有效完好。

（4）做好防汛检查，查看房屋有无漏水现象，室内外地漏管道、下水道是否畅通，确保汛期机构内无漏（积）水。

（二）确保食品卫生

（1）台风、雷雨天气多发生于夏季，夏季气温高，要将日常卫生管理与夏季食品卫生有机结合起来，加大对机构食堂和社区助餐服务点从业人员的食品卫生安全教育，提高其职业意识，严格规范食品卫生操作流程，从源头上把好食品卫生安全关。

（2）针对夏季食品卫生特点，会同区县食药监管部门共同开展食品卫生安全大检查。重点检查环节包括：

① 食品加工环境、场所、设施、布局、存储和餐饮器具消毒。

② 鲜肉、熟肉制品、豆制品、乳制品低温储存。

③ 严格落实冷荤“五专”制度（专人加工、专室制作、专用工具、专用冷藏、专用消毒设备）。

④ 严格落实食品进货验收制度和索证索票制度。

⑤ 单位餐饮食品的防尘、防蝇和生熟食品要分开。

（三）确保老人活动安全

1. 宣传夏季活动安全知识

通过宣传栏、安全活动知识讲座等方式，引导老人增强自我保护意识，掌握活动安全基本知识，切实防止老人在活动中发生事故。

2. 确保夏季活动场所安全

安排人员对电路及电器设施进行安全情况检查，不符合要求的立即进行改造。活动大厅增设饮水机、各活动室空调开放，以满足防暑降温需要。

3. 增加安全活动防护设施

设立药品箱，提供常备药品，以备老人不时之需。组织志愿者免费定期为老人量血压，组织讲授夏季养生健康知识的多种形式的活动，帮助老人安全度夏。

二、发生台风、雷雨时的应急预案

（一）预案目的

进一步规范及完善养老机构防御台风及雷雨的工作，促进防御台风、雷雨工作有序、高效地开展，全面提升防御能力，最大限度地减轻台风、雷雨带来的损失，保障机构内老人生命财产安全和生活的稳定持续。

（二）操作流程

(1) 接到台风、雷雨等天气预报后，机构内后勤部门主管或行政总值班人员督促各部门员工做好台风、雷雨等来临前的准备工作。

(2) 后勤部门主管或行政总值班人员认真检查各部门防台、防雨工作,以及做好各部门的安全保障工作,做到防患于未然。

(3) 当台风或雷雨等发生时,如发生故障或事故,应立即通知后勤部门主管或行政总值班人员进行处理并且通知院长。

(4) 根据台风、雷雨等的影响程度,可以向领导上报请求启动停电或停水等突发事件应急预案。

(5) 台风、雷雨等过后,机构内相关部门主管根据实际受灾情况进行总结并上报院长及上级领导。

(三) 注意事项

(1) 及时了解台风预警信息,了解政府的防台行动对策。

(2) 如有老人受伤,及时通知医务人员进行治疗。

(3) 雷雨发生时,关紧门窗并且避免使用房间内的任何电器。

(4) 相关工作人员详细检查门窗是否漏水,空调是否关机,下水道是否堵塞,以及电的供应状态。

(5) 当台风、雷雨等来袭时,机构内工作人员应先安抚好机构内老人的情绪,避免混乱,以及严格阻止老人外出。

三、台风、雷雨时的应急处理流程图

台风、雷雨时的应急处理流程图见图 7－1。

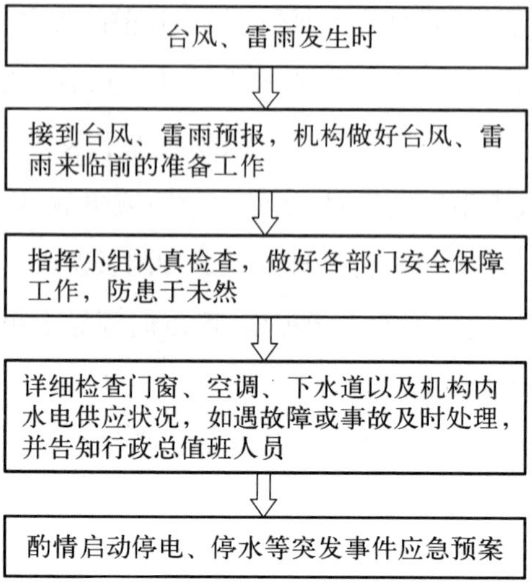

图 7－1　台风、雷雨时的应急处理流程图

第二节　防汛时的应急预案与处理流程

一、防汛工作的日常准备

(1) 定期检查和维修下水道、排水管，防止机构内遇大雨、暴雨天气时出现积水现象。

(2) 组织人员定期清理下水道垃圾、淤泥，保障下水道的排水通畅。

(3) 加强防汛安全知识的宣传，组建防汛安全工作小组。

(4) 建立洪汛预警系统，当出现汛情时，应及时启动预警，保障人员安全。

二、防汛时的应急救援预案

（一）预案目的

当汛情出现时，防止洪水对机构人员、建筑设施、财产物品等造成重大伤害、损坏，能够确保在最短的时间内进行抢险工作，防止机构内积水。

（二）防汛应急救援流程

（1）当出现长时间大雨、暴雨天气时，机构内人员应保持警惕，机构负责人应及时组织防汛小组检查机构内所有的下水道、排水管是否排水通畅。

（2）及时告知老人务必待在室内，切勿外出到水深的地方。

（3）及时清理道路上的淤泥、树枝、树叶等障碍物，迅速进行排水、抽水、沙袋堵水。

（4）各部门应协调组织工作，医务人员应定期检查老人健康状况。

三、防汛时的应急处理流程图

防汛时的应急处理流程图见图 7－2。

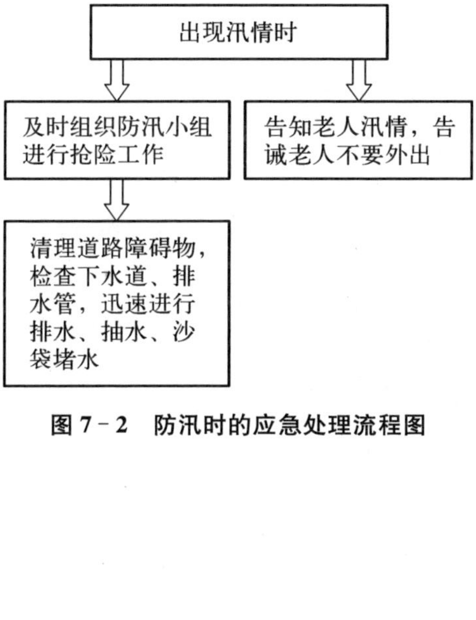

图 7－2　防汛时的应急处理流程图

第八章

其他风险预防与应急处理

当发生突发事件、事故时，养老机构除了做好老人的安全保障工作外，也应保证机构内工作人员的人身安全。机构内员工不仅是安全工作的管理者和负责人，也是安全工作的被保障者和受益人。在整个机构的安全管理与应急处理工作中，机构部门主管领导应加强员工的安全教育工作，学习安全知识，做好日常安全防范工作，从而增强其安全意识和突发事件的应急处理能力。这不仅可保证机构内老人的人身安全，也可保障员工的自身安全。除此之外，当机构发生重大突发意外风险事件时，或对老人、对机构甚至是对社会造成重大不良影响时，养老机构第一责任人及各部门主管领导须协同做好意外事件、事故的危机公关工作，协助有关部门开展调查，妥善处理危机事件，维持机构的社会形象。

第一节　员工自身安全风险的应急预案与流程

一、员工自身安全风险防范

（1）机构应指导员工了解其在劳动合同中所享有的权利以及所承担的义务。

（2）机构应指导员工了解住养老人的保障权益，避免引起不必要的法律纠纷。

（3）机构应制定《员工安全服务手册》，告知员工服务过程中可能存在的风险和规避方法。

（4）定期举办员工服务安全讲座，培养员工的服务风险意识、自我保护意识。

（5）员工应按时参加服务安全讲座学习并签到，参与情况应被列入绩效考核。

（6）制定标准化、合理化的服务规范。

（7）机构应安排员工参与服务技能培训，减少服务过程中可能出现的问题。

二、员工发生意外安全事件的应急预案

（一）预案目的

在员工服务过程中，老人或员工自身出现意外伤害、法律纠纷等问题时，能及时保障员工的合法权益，减少员工损失。

（二）操作流程

（1）及时赶到现场，为员工提供所需要的帮助，协助解决所发生的问

题，降低问题的严重程度，避免进一步恶化。

（2）应急处理小组及时提出应急处理意见。

（3）记录事件发生的原因、经过及细节，及时向上级领导汇报，并为后期处理提供依据。

（4）机构领导权衡员工、住养老人与养老机构三方利益，提出后续处理意见。

（5）根据国家颁布的相关法律，协商处理问题。

（6）妥善处理后续事件。

（三）注意事项

（1）提前做好员工服务安全宣传，降低服务风险的发生概率。

（2）事件发生时尽早处理，将严重程度降到最低。

（3）及时报告领导。

（4）依法处理事件。

（5）处理过程应考虑社会效应。

（6）老人没有去医院治疗的，工作人员要随时观察老人病情变化。

（7）稳定老人、家属的情绪，要求每位员工不得以个人名义向外扩散消息，以免引起不必要的混乱。

（8）如有家属来院探视，由护理部做好家属的思想工作和接待工作。

（9）如有新闻媒体要求采访，必须经过院长同意，未经同意，任何人不得接受采访，以免报道失实。

三、员工自身安全风险的应急处理流程图

员工自身安全风险的应急处理流程图见图 8-1。

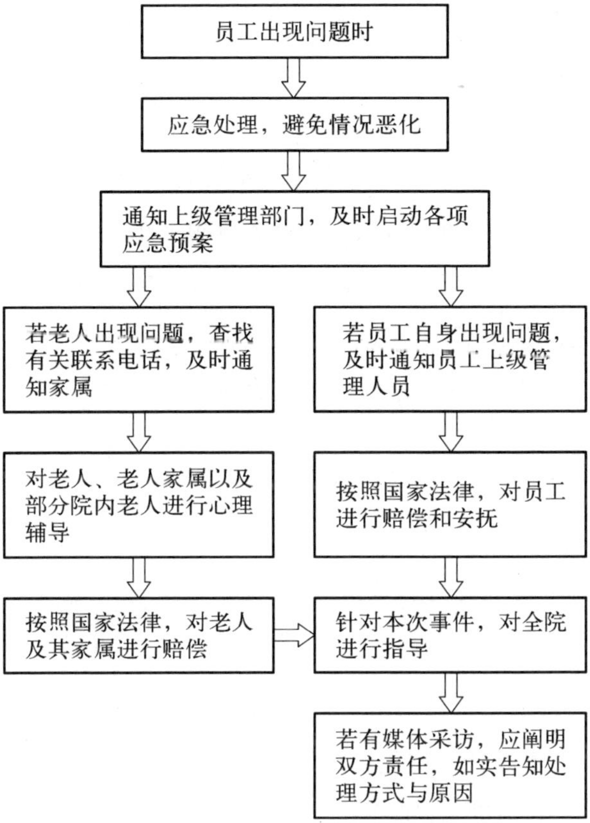

图 8－1　员工自身安全风险的应急处理流程图

第二节　危机公关的应急预案与流程

一、养老机构危机的防范

（1）依据《养老机构设立办法》整改机构内不合格的项目，配合有关部门的检查。

（2）根据最新《中华人民共和国劳动法》，制定和调整劳动协议，合法签订员工劳动合同。

(3) 依据最新《中华人民共和国老年人权益保障法》，制定和调整住院协议，合法签订住院合同。

(4) 按照当地税法，依法纳税。

(5) 定期举办机构安全工作宣传活动，向员工与老人普及安全知识。

(6) 制定安全管理制度，按制度开展机构工作。

(7) 定期进行安全工作检查。

(8) 制定应急预案，定期进行预案演练。

(9) 购买责任险、意外险等风险类保险。

二、危机公关预案

(一) 预案目的

有效应对养老机构各种意外事故、紧急事件，消除危机，减少伤害。

(二) 危机分类

养老机构应成立紧急事故处理小组，作为处理意外事件及危机处理的应变机制，负责处理下列危机事件：

(1) 给错药(剂量、时间等)。

(2) 医嘱执行错误。

(3) 入住者跌倒(时间、地点、受伤部位等)。

(4) 入住者遭遇虐待等事件。

(5) 入住者发生食物中毒、自杀、交通事故、物品失窃或破坏等重大事件。

(6) 员工在工作中发生车祸、背部受伤、被针扎伤等。

(7) 其他如严重影响机构安宁、入住者权益、名誉等事件。

(三) 组织

危机小组原则上由 7～10 人组成，院长为召集人，并指定一人担任执行秘书，视实际状况弹性组合。

（四）步骤

召集人负责紧急指挥、召开会议、协调、督导工作事宜等，执行秘书协助联系，并处理本小组事务。执行步骤如下：

（1）找出真正原因。

（2）采取矫正行动，有计划地去执行。

（3）评估结果。

（五）组别

小组内可视情况设立若干组别：

（1）发言人：负责对内、对外发布讯息，并处理媒体报道相关事宜。

（2）资料组：负责事件资料的调查、收集、研拟与汇整。

（3）联络组：负责机构内、外联络及向上级机关汇报。

（4）医护组：负责紧急医务的专业处理。

（5）法律组：提供相关法律问题咨询服务。

（6）安全组：负责偶发事件现场及善后的各项安全工作。

（7）协调组：负责机构内、外有关事务的申诉、仲裁、慰问、救助、赔偿等协调工作。

（8）辅导组：负责受害者（或肇事者）的身心辅导及其他相关辅导工作。

（9）各组设置可依实际需要调整。

（六）说明

（1）危机事件的处理策略应于平日进行研讨与演练。事件发生后，除依正常规定通报反映事实外，还应立即发动小组执行任务，迅速动员相关人力、物力相互支持。

（2）该小组为机构的经常性组织，应定期并视实际需要召开小组会议，以凝聚共识，研讨该小组运作的相关实务。

（3）该小组须建立职务代理制度，相关成员的名称、职务、代理顺序、紧急联络方式等基本数据有异动时应随时通报更改。

(4) 负责开展小组成员教育与训练,每年应安排适当时间实施。

(七) 奖惩

危机事件处理有功人员及疏失责任追究,另制定奖惩标准。

三、养老机构危机公关应急处理流程图

养老机构危机公关应急处理流程图见图 8-2。

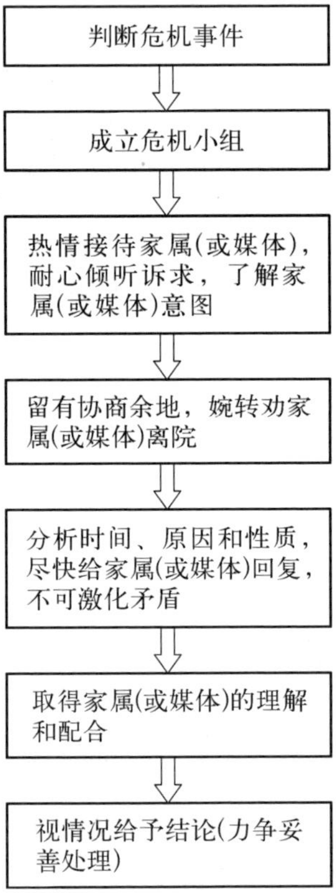

图 8-2　养老机构危机公关应急处理流程图

附件 1：内保安全制度

一、安全检查制度

（1）确定安全检查标准。定期进行安全检查，或不定期进行安全抽查，严格按照安全标准开展检查工作，及时发现存在的安全隐患。

（2）各岗位值班人员须每天定时检查电气设备、煤气设备、水电闸门等是否安全且关闭。

（3）每日检查机构内用电安全，确保灯光照明设备、水管设施正常运行。

（4）对出现的问题及时处理，第一时间难以解决的问题，要及时汇报并做好记录，做好交接班的内容交接工作，将发现的问题清楚交代给替班人员。

（5）针对暂时难以解决的不安全因素，采取临时安全防范措施，做到杜绝安全问题，从源头上保障安全工作。

二、安全责任事故查究制度

（1）院长为第一责任人，依照相关法律法规及机构管理规定等对机构安全工作负有全责。

（2）安全分管领导是直接责任人，对安全工作直接负责。

（3）对于具体的安全责任问题，是个人过失造成人、财、物的损失时，要依法追究个人责任，做好岗位责任工作。明确安全责任，做到人人身上有责任，树立“安全工作，人人有责”的意识。

（4）做好安全稳定工作。建立健全机构治安保卫工作的各项工作制度，实行目标管理、分级管理、定期考核、奖罚分明。成立安全稳定工作小组，明确工作小组职责。

（5）严格落实安全工作岗位责任制，做到“定岗定责”，定期监督、检查、抽查院内各项安全工作，及时发现安全隐患，并迅速联系有关部门采取安全处理措施，以确保机构内安全。

三、安全生产制度

（1）对各部门的员工进行安全生产教育。

（2）制定机构安全生产实施细则和操作规程。

（3）严格实施安全生产监督检查。

（4）认真贯彻安全管理办公室的各项安全生产指令，确保机构内安全生产。

（5）遇到紧急不安全情况时，机构安全管理责任人有权指令停止生产，制定并实施机构的生产安全事故应急救援预案，并报告上级处理。

（6）对伤亡事故进行调查和处理，负责伤亡事故的统计、分析和报告，积极协助有关部门防范相关事故的再次发生，并提供相关建议和应对措施，同时及时、如实地报告生产安全事故。

四、安全档案管理制度

（1）做好文件登记和保密工作。后勤管理中心对员工、入住老人及来访人员的相关隐私资料要严格做好资料存放、保密工作，严禁外泄，保护个人隐私。

(2) 制定和落实秘密文件、资料、档案的借用管理制度。如需借用、查阅秘密文件、资料、档案，需要提交相关文件证明和申请，经主管领导批准，并按照相关借用手续进行登记。

(3) 如发现材料遗失、人员信息外泄等现象，要及时向上级领导汇报，认真处理，并进行全面检查；如发现内部员工出现泄密行为，视情节严重程度，依照法律法规进行行政或刑事处理。

五、机构安全保卫制度

(1) 制定值班表，安保人员可进行轮岗值班，确保值班时间有人在岗、值班电话保持畅通。

(2) 值班人员在岗时，不得饮酒、酗酒、吸烟，不得将危险品带入机构。

(3) 值班人员要不定时地对机构进行巡逻、检查，发现安全隐患要及时向上级报告，及时处理。

(4) 对于违反值班工作纪律规定的值班人员，视情节严重程度予以口头警告或处罚。

(5) 值班人员须认真填写值班日志，做好值班记录。需要跟办的事宜必须与接班人员交代清楚。在接班人员没有到岗时不准擅自离岗。下班前必须把当天所发生的事件登记在当班日志里，并与下一班做好交接。

六、院内巡逻巡视制度

(1) 巡查时按规定的路线和速度仔细巡查(特殊情况下除外)，发现问题时及时报告给行政总值班及相关人员，并按有关程序处理。

(2) 员工应遵守纪律，发现有违纪现象，报相关部门处理。

(3) 阻止无关人员进入办公区域和介助、介护区域。

(4) 防止院内财产被盗、设施被人破坏，密切注意院内重要部位的安全。若发现异常情况，及时报告给行政总值班人员，并做好记录。

(5) 若发现可疑人物，及时通知监控中心定点录像并密切关注，同时报告给行政总值班人员处理。

(6) 一旦发现老人房内有不受欢迎的人物或有偷窃现象，应灵活机动，继续守候并通知行政总值班人员和当班护理员到场处理。

(7) 在巡逻中路过活动室、餐厅时应注意是否有异常情况。

(8) 在办公时间内巡逻时，保安不得擅自进入办公室。在非办公时间巡逻时，需检查所有办公室的门窗是否关闭，遇到有人加班时需知道该员工在做什么，并要问清下班的时间，通知行政总值班人员知晓，在这个时间后再去查看一次。

(9) 发现门没有关闭并且敲门后没有应答时，需报告行政总值班人员到场一同进入查看(带上手电)，在行政总值班人员确认无误后代为关闭，并做好记录。

(10) 发现有外来施工人员但是没有佩戴养老机构颁发的临时出入证件的，报告行政总值班人员处理(注意态度)。

(11) 在院内餐厅就餐结束后，应对厨房区域“三关一锁”(电器、煤气、水源等开关一律关闭，冰箱、仓库一律锁闭)的执行情况进行检查。

(12) 在巡逻中发现一切违反院内规章制度的行为都要记录下来，并及时报告行政总值班人员来处理。

七、外来人员管理制度

(1) 禁止各类闲杂人员进入院内，礼貌劝阻客人将易燃、易爆、易腐蚀物品及宠物带入院内，发现有携带武器弹药及管制刀具者，立刻报告行政总值班人员及院长办公室。

（2）对衣冠不整者、醉酒者、精神异常者，应立即查明其是不是入住老人或其亲属，若不是入住老人或其亲属，应立即报告行政总值班人员和院长办公室，并酌情处理。

（3）礼貌阻止闲杂人员进入院内。

（4）来院联系工作或检查的政府有关部门如公安、劳动局、财政局、税务局以及煤气公司、自来水公司等相关部门的工作人员只要出示有关证件即可放行，但是要立即通知行政总值班人员和院长办公室出面接待。

（5）礼貌询问进入院内的人员，注意发现和控制可疑人员及物品，随时和监控中心取得联系；在紧急情况下，应在通报监控中心和行政总值班人员的同时跟踪随行。

（6）维护院内的正常营运，提醒客人保管好自己的物品以防被盗。看护院内的设施和财物不被人为损坏和防止失窃遗忘现象的发生。

（7）对于晚上 7 点至次日 8 点 30 分前来访的人员，应礼貌询问并引领至行政总值班处。为了老人能安静地休息，晚上 8 点 30 分以后，谢绝一切来访（如遇特殊情况，酌情处理）。

（8）了解当日院内各类会议的举办地点、举办时间、举办单位及参加人数，关注客人进出会场的情况。协助院长办公室管理正门车道秩序。

八、食堂库房安全管理制度

（1）食堂仓库必须做到专用，不得存放其他杂物和有毒、有害物质；不得存放易燃易爆化学类物品。

（2）应设专人负责管理并建立健全出入库登记制度，做到“入库上账，出库下账”；食品及食品原料入库时，仓库保管员应对其质量和数量进行验收，并详细记录入库产品的名称、数量、产地、进货日期、生产日期、保质期、包装情况等，并按入库时间的先后分类存放，感官检查不合格的食品不得入库；设不安全食品暂存专柜，并有记录本。

(3) 食堂仓库应通风良好，保持库房内所需的温度和湿度，防止食品霉变、生虫；贮存生鲜食品应配置必要的低温贮存设备，包括冷藏库(柜)和冷冻库(柜)。

(4) 搞好防尘、防蝇、防鼠、防潮工作，定期对库房周围进行卫生清扫，清洁地面，消除有毒、有害污染源及蚊蝇滋生场所。

(5) 食品存放处设隔离地面的平台和层架，离墙 30 cm 以上，最底层离地面 40 cm 以上。食品按照先进先出、生熟分开的原则分类贮存，并有明显标识。

(6) 每天定时对库存食品进行盘点、检查、整理、记录。发现问题要及时向分管领导报告，及时处理。

(7) 仓库保管员要做好个人卫生工作，须持健康证上岗，在岗期间不得点火、吸烟，不得随地吐痰、乱扔垃圾等。

附件 2：消防安全管理制度

一、消防安全例会制度

（1）机构安全例会每月一次。

（2）参加人员：机构消防安全委员会全体成员。

（3）会议主要内容：研究、部署、落实本单位的消防安全工作计划和措施，如遇涉及消防安全的重大问题应随时召开专题会议。

（4）机构负责人为消防安全责任人。消防安全例会由消防安全责任人主持，有关人员参加，并形成纪要或决议，下发到有关部门并存档。

（5）会议议程：听取消防安全管理人员有关消防情况的通报，研究分析本单位消防安全形势，对有关重点难点问题提出解决办法，布置消防安全下一阶段的工作。

（6）涉及重大消防安全问题召开的专题会议纪要或决议，应报送当地公安消防部门，并提出针对性的解决方案和具体落实措施。

（7）单位如发生火灾事故，事后应召开专门会议，分析查找事故原因，总结事故教训，制定整改措施，进一步落实消防安全管理责任，防止事故再次发生。

(8) 建立用火用电动火消防安全管理制度，明确用火用电动火消防安全管理的责任部门和责任人，用火用电动火的审批范围、程序和要求以及操作人员的岗位资格与职责要求等内容。

(9) 建立易燃易爆危险化学品使用管理制度，明确易燃易爆危险化学品管理和职责部门与责任人。

(10) 建立消防安全重点部位管理制度，确定消防安全重点部位，明确消防安全重点部位管理的职责部门和责任人。

(11) 建立消防车档案管理制度，明确消防车档案管理职责部门和责任人，明确消防车档案的制作、使用、更新及销毁的要求。

(12) 制定有针对性的灭火和应急疏散预案，并开展消防演练。

(13) 制定火灾处置程序，明确火灾发生后立即启动灭火和应急疏散预案，疏散建筑物内所有人员，实施初期火灾扑救，并及时报警。保护火灾现场，接受火灾事故调查，总结事故教训，改善消防管理的工作程序及要求。

二、消防安全知识宣传教育制度

为了预防火灾和减少火灾危害，保护公民人身、公共财产和公民财产安全，维护公共安全，稳定社会秩序，应当经常进行消防安全宣传教育，不断提高入住人员及员工的消防安全意识。

(1) 切实加强消防安全宣传教育及培训的领导。机构一把手对消防安全教育负总责，并分配一名领导具体负责消防安全工作。宣传、公安、总务等部门相互配合，密切协作，齐抓共管。对消防安全宣传教育应做到有计划、有部署、有措施、有检查、有总结。

(2) 消防安全宣传教育的主要内容：党和国家颁布的消防安全工作

方针、政策、法规、条例、事故案例通报，各种安全规章制度、守则、操作规程等，普及消防安全知识，充分认识“预防为主，防消结合”的重要性，增强入住人员及员工的消防安全意识，做到常抓不懈，警钟长鸣。

(3) 运用典型案例分析，举办短训班、岗位培训及会议、报刊、橱窗、广播、电视等多种形式，充分利用重大节假日、集会等时机进行消防安全宣传教育。

(4) 对新招职工(含临时工)要坚持先培训、后上岗的原则。对特殊工种(如锅炉工)要重点培训，必须持证上岗。重点安全部位的有关从业人员、专兼职义务消防队员每年进行 2 次以上的专业培训和演练。积极派送有关人员参加以公安消防安全为内容的业务培训。

(5) 上述教育培训情况要有记录，重点材料应归档立卷，存入消防安全档案，作为检查总结消防安全工作的依据之一。

三、防火巡查制度

(1) 确定巡查的人员、内容、部位和频次，及时开展防火巡查。

(2) 防火巡查时应填写《每日防火巡查(夜查)记录表》，巡查人员应在记录上签名。巡查中发现能当场整改的火灾隐患，填写《单位火灾隐患当场整改通知单》并消除隐患；不能当场消除的，填写《单位火灾隐患限期整改通知单》并及时上报主管负责人，并在《每日防火巡查(夜查)记录表》中记录存档。

(3) 每日进行防火巡查，并结合实际组织夜间防火巡查。在日间工作时间应至少每 2 小时巡查一次，日间工作时间结束后应检查并消除遗留火种。

(4) 防火巡查应包括下列内容：

① 用火、用电有无违章情况。

② 安全出口、疏散通道是否畅通，有无锁闭；安全疏散指示标志、应

急照明是否完好。

③ 常闭式防火门是否处于关闭状态，防火卷帘下是否堆放物品。

④ 消防设施、器材是否在位、完整有效。消防安全标志是否完好清晰。

⑤ 消防安全重点部位的人员在岗情况。

⑥ 其他消防安全情况。

四、防火检查制度

（1）防火检查定期开展，各岗位应每天一次，填写《每日防火巡查（夜查）记录表》；各部门应每周一次，填写《每周防火检查情况记录表》；单位应每月一次，填写《每月防火检查情况记录表》；每季度检查一次建筑消防设施，填写《季度建筑消防设施功能检查记录表》。

（2）检查中发现能当场整改的火灾隐患，填写《单位火灾隐患当场整改通知单》并消除隐患；不能当场消除的，填写《单位火灾隐患限期整改通知单》并及时上报主管负责人，并记录存档。

（3）防火检查应包括下列内容：

① 消防车通道、消防水源。

② 安全疏散通道、楼梯，安全出口及其疏散指示标志、应急照明。

③ 消防安全标志的设置情况。

④ 灭火器材配置及其完好情况。

⑤ 建筑消防设施运行情况。

⑥ 消防控制室值班情况、消防控制设备运行情况及相关记录。

⑦ 用火、用电有无违章情况。

⑧ 消防安全重点部位的管理。

⑨ 防火巡查落实情况及其记录。

⑩ 火灾隐患的整改以及防范措施的落实情况，消防安全重点部位人

员及其他员工消防知识的掌握情况。

五、火灾隐患整改制度

（1）对存在的火灾隐患，单位应当确定专门部门和人员及时予以清除。

（2）对不能当场整改的火灾隐患，由消防管理部门根据管理分工，及时将火灾隐患向消防安全管理人或消防安全责任人书面报告，并提出整改方案。

（3）对随时可能引发火灾的隐患或重大火灾隐患，应要求危险部位停止生产、经营或工作，立即进行整改，并落实整改期间的安全防范措施。

（4）消防安全管理人或消防安全责任人应确定整改的措施、期限以及负责整改的部门、人员，并落实整改资金。

（5）对公安消防机关检查或抽查发现的火灾隐患，要指定专人落实整改。整改完毕后，写出火灾隐患整改报告并报消防机关。

（6）对检查发现的火灾隐患要认真填写检查记录。火灾隐患整改完毕，负责整改的部门或者人员应当将整改情况记录、报送消防安全责任人或消防安全管理人签字后存档备查。

（7）火灾隐患整改完毕，要组织进行检查验收。

（8）对本单位无力进行整改的火灾隐患要及时上报上级主管部门。

六、消防控制室值班制度

（1）养老机构应建立消防控制室值班制度。消防控制室（以下简称消控室）人员须持证上岗，并明确消控室人员职责。消控室实行 24 小时值班制，每班次值班人员应在 2 人以上。

（2）消控室人员应遵守消控室规章制度，未与人交接工作，不得擅离岗位；做好值班记录以及消防巡查记录；及时处理巡查过程中发现的问题，并将问题处理方法和结果详细交接给接班人员。

(3) 每日排查消防设施设备是否处于正常状态，若发现故障、过期或者损坏，应立刻上报相关部门负责人，并立刻更换或者维修。

(4) 非工作人员禁止进入消控室，消控室值班人员不得占用消控中心内线电话，以免堵塞火情上报通道。

(5) 一旦出现火情，应立即组织灭火。若火情无法控制，应迅速疏散机构内人群，上报相关部门负责人，并拨打 119 火警电话。

(6) 填写《消防控制室值班记录》时，要做到字迹清晰，签名完整，内容无缺失、无涂改。

七、消防水泵房管理制度

(1) 机构内的消防水泵房应由专人管理，每日检查设施设备是否处于正常状态，若发现故障、过期或者损坏，应立刻上报有关部门负责人，立刻更换或者维修，并定期保养和维护。

(2) 机构须安排专人每月至少启动水泵一次，以保障消防水箱、消防管道、消防泵、消防水池、气压水罐等储水充足，泵压稳定。启动消防水泵时，操作人员须严格按照操作规程启动，避免不当操作引起的消防设备故障。

(3) 确保水泵房配电柜开关等标识清晰准确，配电柜的开关处于自动状态，消防出水管网及管道阀门不得关闭。

(4) 非工作人员禁止进入消防水泵房，禁止擅自关闭消防设备自动状态。

(5) 禁止擅自切断消防水泵房的电源。当水泵房设备启动后，应始终处于正常运行状态，发生故障不得拖延，须立刻维修，保障机构安全。

(6) 养老机构在建立水泵房管理制度时，须包括故障报告、故障消除登记表。水泵房一旦发生故障，应立即组织人员维修，若因此需要暂时关闭水泵房设备，应取得机构消防安全责任人的同意。若预计水泵房设备需关停 24 小时以上，除了征得机构消防安全责任人许可之外，应同时上报当地消防机构进行备案，并同步采取措施确保机构安全。

八、消防值班制度

（1）养老机构应将消防值班制度落实到人，制度中需要明确 24 小时值班制度、值班人员交接班流程与交接内容以及消防巡查流程与要求。

（2）值班人员须根据岗位职责，严格履行义务。消防负责人需要检查消防值班人员的防火巡查工作质量，值班人员需要按照制度以及流程进行巡查工作。

（3）值班人员需要记录防火巡查内容，一旦发现消防安全问题，及时消除安全隐患并按流程上报。如巡查时发现火情，值班人员应迅速扑灭火情，如火势太大或无法扑灭，应立即拨打 119 报告火情，同时启动火灾应急预案，尽快疏散机构内老人和其他人员。

（4）消防值班人员要遵守岗位职责，不得迟到早退，需要按时交接，同时与接班人员做好交接记录、巡查过程中发生的问题以及处理措施等书面交接记录。若书面交接记录缺失、错误，接班人员可拒绝接班。

（5）值班期间严禁擅自离岗、饮酒、睡觉、打牌等。

九、变配电室消防管理制度

（1）养老机构需要严格贯彻落实消防安全工作的八字方针“预防为主，防消结合”，严格执行消防安全相关法律法规以及安全生产规章制度。

（2）变配电室是养老机构的重要设施，变配电室值班电工严禁擅自更改变配电室设备，须严格按照操作流程执行，以确保供电安全。

(3) 变配电室值班人员必须经过专业培训，并经电力局考核合格后，获得资质与执业许可证方能工作。

(4) 在进行高压电气设备倒闸操作之前，必须按照运行规程要求有第二人在场监护，并先填写操作表单。若碰到紧急情况，可在有发令人在场的情况下，先紧急操作解决问题，之后再填写操作表。

(5) 变配电室值班人员应会使用灭火器具。消防管理人员与维修人员要定期检查变配电室的灭火系统与消防硬件设施，并观察压力数值与正常使用功能。

(6) 变配电室值班人员不得擅离职守，要做好值班巡视工作与值班记录。抄表频率不得超过 2 小时一次，每日抄送日报等相关记录。

(7) 平时须注意维护变配电室的设施设备，不得在变配电室放置易燃易爆物品，不得在变配电室吃饭、吸烟等，并定期进行灭“四害”工作。

(8) 按时组织变配电室值班人员学习相关安全制度与流程，定期组织人员排查变配电室安全隐患。

十、消防疏散设施管理制度

(1) 明确消防安全疏散设施管理的责任部门和责任人，定期维护、检查安全疏散设施，以满足安全疏散设施的管理要求。

(2) 安全疏散设施管理应符合下列要求：

① 确保疏散通道、安全出口的畅通，禁止占用、堵塞疏散通道和楼梯间。

② 在使用和营业期间，疏散出口、安全出口的门不应锁闭。

③ 封闭楼梯间、防烟楼梯间的门应完好，门上应有正确启闭状态的标识，保证其正常使用。

④ 常闭式防火门应经常保持关闭。

⑤ 需要经常保持开启状态的防火门，应保证其火灾时能自动关闭；

自动和手动关闭的装置应完好有效。

⑥ 平时需要控制人员出入或设有门禁系统的疏散门，应有保证火灾时人员疏散畅通的可靠措施。

⑦ 安全出口、疏散门不得设置门槛和其他影响疏散的障碍物，且在其 1.4 m 范围内不应设置台阶。

⑧ 消防应急照明、安全疏散指示标志应完好、有效，发生损坏时应及时维修、更换。

⑨ 消防安全标志应完好、清晰，不应遮挡。

⑩ 安全出口、公共疏散通道上不应安装栅栏、卷帘门。窗口、阳台等部位不应设置影响逃生和灭火救援的栅栏。各楼层的明显位置应设置安全疏散指示图，指示图上应标明疏散路线、安全出口、人员所在位置和必要的文字说明。

（3）进行安全疏散设施检查时应填写《安全疏散设施检查记录》并存档。

十一、用电防火安全管理制度

（1）用电防火安全管理应明确用电防火安全管理的责任部门和责任人。

（2）采购电气、电热设备，应选用合格产品，并应符合有关安全标准的要求。

（3）电气线路敷设、电气设备安装和维修应由具备职业资格的电工操作。

（4）不得随意乱接电线，擅自增加用电设备。

（5）电气设备周围应与可燃物保持 0.5 m 以上的间距。

（6）对电气线路、设备应定期检查、检测，严禁超负荷运行。

（7）营业场所营业结束时，应切断营业场所的非必要电源。

十二、用火动火安全管理制度

（1）用火动火安全管理应明确管理的责任部门和责任人，用火、动火的审批范围、程序和要求以及电气焊工的岗位资格及其职责要求。

（2）用火、动火安全管理应符合下列要求：

① 需要动火施工的区域与使用、营业区之间应进行防火分隔。

② 电气焊等明火作业前，实施动火的部门和人员应填写《单位临时用火、用电作业审批表》办理动火审批手续，清除易燃可燃物，配置灭火器材，落实现场监护人和安全措施，在确认无火灾、爆炸危险后方可动火施工。

③ 禁止在营业时间进行动火施工。

④ 演出、放映场所需要使用明火效果时，应落实相关的防火措施。

⑤ 不应使用明火照明或取暖，如特殊情况需要时应有专人看护。

⑥ 烟道等取暖设施与可燃物之间应采取防火隔热措施。

⑦ 厨房的烟道应至少每季度清洗一次。

⑧ 燃油、燃气管道应经常检查、检测和保养。

十三、管道煤气使用安全管理制度

（1）厨房员工必须熟练掌握管道煤气的使用方法，了解其火灾危害性。

（2）掌握煤气发生泄漏时的预防措施。

（3）对于管道煤气总阀的开关，必须落实责任人，每天关闭时要通知消控中心派保安员到现场监督，并做好开关登记。

（4）经常检查接头、开关阀是否完好，发现漏气及时报告安全部和工程部。

（5）若发生气体泄漏，严禁使用明火，关紧气阀、打开门窗通风，停止使用各种电器开关。

（6）厨房内使用煤气灶要严格遵守操作规程，使用时要专人看管，使用完要专人关闭。

十四、燃气、电气设备安全管理制度

（1）燃气、电气设备管理应明确管理的责任部门和责任人。

（2）采购电气、电热设备，应选用合格产品，并应符合有关安全标准的要求。

（3）燃气管路、电气线路敷设、电气设备安装和维修应由具备职业资格的人员操作。

（4）不得随意改动燃气管路，不得随意乱接电线，擅自增加用电设备。

（5）燃气、电气设备周围应与可燃物保持 0.5 m 以上的间距。

（6）对燃气管路、设备及电气线路、设备应定期检查、检测，严禁电气设备超负荷运行。

十五、易燃易爆危险物品和场所防火防爆制度

（1）为加强易燃易爆化学物品的消防安全管理，保障人民生命财产安全，特制定本制度。

（2）易燃易爆危险物品和场所的消防安全工作由消防安全管理人负责，由消防工作的归口管理职能部门组织实施。

（3）易燃易爆危险物品的生产、储存、运输、销售或者使用、销毁必须执行国家有关消防安全的规定。

（4）禁止携带火种进入生产、储存易燃易爆危险物品的场所。

（5）生产、储存易燃易爆危险物品的场所必须执行国家有关消防安全的规定。

（6）易燃易爆危险物品必须储存在专用仓库、专用场地或者专用储存室（以下统称专用仓库）内，储存方式、方法与储存数量必须符合国家标准，并由专人管理。危险化学品出入库，必须进行核查登记。库存危险化

学品应当定期检查，并做到以下七点：

① 严禁场所内部和外部有明火源。

② 严禁化学性质相抵触或灭火方法不同的易燃易爆危险物品混放。

③ 严格控制储存场所的温度和湿度。

④ 严禁超期超量储存。

⑤ 严禁违章操作。

⑥ 每天至少每 2 小时进行一次消防安全检查，定期对场所内的电气设备、灭火器材、建筑消防设施进行维护保养和检查。

⑦ 从事易燃易爆危险物品生产、经营、储存、运输和使用危险化学品或者从事处置废弃危险化学品活动的人员，必须接受有关法律、法规、规章和安全知识、专业技术、职业卫生防护和应急救援知识的培训，并经考核合格，方可上岗作业。

十六、消防设施、器材维护管理制度

(1) 为加强消防设施、器材维护管理，预防和减少火灾危害，根据《机关、团体、企业、事业单位消防安全管理规定》及有关消防法规，制定本规定。

(2) 建筑自动消防设施(主要指自动喷水、卤代烷、二氧化碳、干粉等固定灭火系统、自动报警系统和机械防排烟系统等)的维护管理应做到(无自动消防设施的可取消本条)：

① 建筑自动消防设施投入运行后，应及时选择维修保养企业，与之签订维修保养合同，对系统进行定期的维修保养。

② 应将建筑自动消防设施列入防火检查、巡查的内容。

③ 负责运行和维护的部门每日应对建筑自动消防设施进行巡查，同时做好记录。

④ 消防归口管理部门应定期对建筑自动消防设施的各项功能进行

检查试验，并填写记录。

⑤ 点型感温、感烟探测器投入运行 2 年后，应每隔 3 年对探测器进行清洗。

(3) 小型灭火器材(主要指灭火器、消火栓、消防桶、消防斧、消防锹等器材)的维护管理应做到：

① 严禁购置不符合国家消防技术标准的灭火器材。对购置的器材应建立详细的器材台账，并报归口部门备案。

② 消防工作归口职能部门根据有关消防规范要求对灭火器材进行合理布置，并登记造册。

③ 各部门应指定专人管理辖区内的灭火器材，灭火器材管理应做到“三定”(定位、定人、定责)。

④ 各部门灭火器材管理人每周检查一次灭火器材的数量和定位情况，每月检查一次灭火器压力表指针是否在正常区域内。在寒冷、炎热、潮湿季节，要对消火栓、灭火器采取防冻、防晒、防潮措施。

⑤ 消防工作归口职能部门每半年对所有的小型灭火器材进行一次检查，对缺少的灭火器材进行补充，对锈蚀严重、压力不足、干粉结块的灭火器送具备法定资质的灭火器维修厂家进行维修。

⑥ 因管理不善，造成灭火器材丢失、损坏的，管理人应赔偿损失，并根据情况对职责部门进行经济考核。

⑦ 因扑救本企业或友邻企业火灾而使用了灭火器，有关部门应及时报告消防工作归口职能部门，补充灭火器材。

十七、消防安全工作考评和奖惩制度

1. 消防安全工作应实行检查考评与奖惩机制

(1) 考评目的

① 了解每个员工开展岗位防火巡查的情况，落实消防安全职责、制

度和操作规程的情况。

② 促进员工学习消防安全知识。

③ 提高单位员工消防安全意识和防火检查的能力。

④ 作为人员奖惩、加薪、罚款、解聘的重要依据之一。

(2) 考评内容

① 各部门、岗位人员贯彻国家消防法规、技术规范等规章制度的情况。

② 落实单位消防安全管理制度、岗位责任制度的情况。

③ 落实防火巡查制度、防火检查制度的情况。

④ 落实消防安全相关操作规程、用火用电等制度和其他相关制度的情况。

⑤ 落实火灾隐患整改的情况。

⑥ 落实其他有关消防安全的情况。

(3) 考评方式

抽查员工贯彻国家法律法规、技术标准等规章制度的情况，落实消防安全管理制度、岗位责任情况，落实防火巡查、检查制度的情况，落实消防安全相关操作规程、用火用电等制度的情况，落实火灾隐患整改情况及其他有关消防安全的情况，检查各类表格的填写情况、重点部位人员在位情况、员工对各类消防安全知识及操作规程的掌握情况等。

2. 奖罚规定

(1) 奖罚权限

有关消防安全工作的奖励与处罚由消防安全归口管理部门根据员工实际表现情况提出意见，经单位消防安全责任人或消防安全管理人批准后实施。

(2) 奖罚程序

① 消防安全归口管理部门根据各部门消防安全工作的落实情况及

防火巡查、检查情况，拟定奖惩专门报告。

② 奖惩专门报告由消防安全归口管理部门递交单位消防安全责任人或消防安全管理人审批。

③ 由消防安全归口管理部门起草奖惩专门报告，经批准后奖惩决定在当事人当月工资中兑现。

④ 经批准的奖惩专门报告原件由消防安全归口管理部门保存，存档备查。

3. 消防工作奖励、处罚规定

（1）消防工作奖励规定

① 全面掌握消防安全工作法律、法规、各项规章制度职责，并严格落实岗位职责的员工，一次性奖励 30 元。

② 积极参加单位内部组织的各类消防安全活动，表现突出的，一次性奖励 50 元。

③ 积极开展防火巡查、检查工作，认真填写巡查检查记录，能够确保单位内部消防设施完好有效，表现突出的，一次性奖励 30 元。

④ 认真落实岗位职责，确保所负责区域内消防设施完整好用，表现突出的，一次性奖励 30 元。

⑤ 积极落实火灾隐患整改制度，表现突出的，一次性奖励 50 元。

⑥ 积极配合消防部门检查、指导工作，表现突出的，一次性奖励 50 元。

⑦ 在消防安全教育考核中成绩排名前三位的，依次奖励 50 元、30 元、20 元。

（2）消防工作处罚规定

① 有下列行为之一的处以 30 元罚款：

a. 防火巡查不到位，未认真汇总巡查情况的。

b. 用火、用电有违章情况的。

c. 消防安全重点部位人员不在岗的。

d. 检查中发现不知消防器材如何正确使用或对消防知识不熟的。

e. 无故不参加消防演练、培训和考试的。

f. 参加消防安全考试成绩不合格或存在舞弊行为的。

② 有下列行为之一的处以50元罚款：

a. 对本部门存在的火灾及安全隐患，未按期整改的；在火灾隐患未消除之前部门未落实防范措施、不能保障消防安全的。

b. 在安全出口或疏散通道上堆放杂物或其他影响疏散的障碍物的；在营业、工作期间，将安全出口上锁、遮挡或将消防安全疏散标志遮挡覆盖的。

c. 因管理不善而造成消防设施损坏或丢失的，除照价赔偿外，处罚款。

d. 刁难消防监督人员执行工作的。

e. 发现隐患不及时上报，不采取措施处理的。

f. 用电不使用安全保险装置或乱搭乱拉电线的，使用电热设备擅自离岗或下班后不按规定切断电源熄灭火种的。

③ 有下列行为之一的处以200元罚款：

a. 在单位区域内擅自动用明火，使用电气焊未办理动火申请表的；动火现场未配备灭火器，未清理周边易燃可燃物的。

b. 埋压、圈占、堵塞消防通道而影响和延误消防工作的。

c. 施工现场有明火作业而无现场监护人、防火负责人的，除根据文明施工责任书中规定的处罚外，对责任单位或个人处罚款。

d. 不按操作程序、野蛮操作造成火灾事故的。

附件3：交通安全制度

一、交通安全管理制度[①]

(1) 交通安全工作要严格落实交通安全责任制，认真贯彻“安全第一，预防为主”的方针，实行岗位安全责任制和目标管理。

(2) 建立健全交通安全领导组织小组，在机构主要领导的领导下，全面负责本机构交通安全工作。定期召开会议研究机构内部交通安全状况，使交通安全工作做到有布置、有检查、有落实，并把交通安全工作同机构安全管理和工作绩效结合起来，进行评比、检查和落实。

(3) 确定一名交通安全管理员，负责本机构交通安全工作的实施、宣传、检查和机动车辆管理，与交通管理部门和地区交通安全委员会的日常工作保持联系；各部门确定一名兼职交通安全员负责本部门交通安全工作的检查和实施。

---

① 资料来源于安全管理网，http://www.safehoo.com/Manage/Stew/Traffic/200907/26741.shtml.

(4) 各级管理人员及岗位交通安全员，在日常工作中要牢记交通安全工作的重要性，教育员工认真学习交通安全法规，自觉遵守各项安全生产规定，切实负责，加强检查，把交通安全工作落到实处；车辆有关证件及保险资料由车管部门统一保管，并负责费用缴纳及车辆维修。

(5) 新员工上岗前要进行严格的交通安全培训，经考试合格后方可上岗。

(6) 机动车驾驶员必须服从本机构交通安全工作领导小组的管理，严格遵守交通法规和交通安全制度，杜绝各种交通违章行为，服从交通民警指挥，保证行车安全。

(7) 保持车辆清洁，对零部件定期检查、维修和保养，使车辆随时保持良好状态，确保行车安全，杜绝带病车、故障车上路。

(8) 冬春季要加强对机动车辆的检查、保养；特别是对油箱、水箱、车灯、刹车制动的保养；遇有雨雪、大雾天气要缓慢行驶，避免发生事故。

(9) 机构车辆实行专人驾驶，车管员监督检查，严禁未经领导批准将车辆交给非专职司机驾驶，严禁交给无驾驶证人员驾驶。

(10) 机构车辆因特殊原因不能返回机构的，须经机构领导批准，并确保车辆在外停放安全。

(11) 行驶中发生交通事故，驾驶员应当首先作应急处理，然后迅速与交通管理部门和机构联系，依据交通事故处置预案及时妥善处理。

(12) 驾驶非机动车人员必须严格遵守交通法规，遵守交通行为规范。在画有分道线或设有隔离设施的道路上，要走非机动车道；在其他道路上，要靠右侧行驶；转弯时要减速慢行，向后瞭望，伸手示意，不准低头猛拐；不准曲线行驶；不与机动车争道抢行；冬季要注意避免在结冰的路面上行驶。

(13) 机构员工使用的非机动车应证照齐全，车况应保持良好，应经常检查刹车、车铃、车锁等，做到灵敏有效，如有损坏应及时修复。

（14）非机动车出入机构门口时必须下车推行，在机构内行驶必须注意交通安全，禁止逆行、斜穿、骑飞车、骑车带人、双手撒把、扶肩并行、互相追逐、嬉闹等；上班时必须将车辆停放在指定地点，摆放整齐。

（15）机构内及停车场设立的各种交通标志、防撞墩、隔离墩、车位锁及行车线路，应当符合国家标准；未经有关部门批准，任何部门和个人不得移动或损坏。

（16）所有机动车辆进入停车场后须服从执勤人员的指挥和管理，按照场区交通标志、标线行驶和停放，严禁在行车道上乱停乱放、妨碍交通。

（17）在停车场内停放或滞留过夜的外来车辆，车辆管理人员应当提醒驾驶人员自行妥善保管好车内的财物。

（18）如遇车辆发生故障需要修理时，应当由修理人员将车辆拖离停车场进行维修，禁止在停车场内修车。

（19）机动车在机构、停车场内行驶时，须减速慢行，速度不得超过15公里/小时，主动避让行人，禁止鸣长笛。

（20）出现事故时，应当迅速做出应急处理，并向车辆管理部门和主管领导报告。

二、司机管理规定

（1）严格遵守《中华人民共和国道路交通安全法》等有关法律法规，熟知交通规则，确保行车安全。

（2）驾驶员持证上岗，并定期参加驾驶证审验工作，严禁无证上路，不得驾驶与驾驶证规定不符的车辆；车辆必须定期参加年审。

（3）车辆实行统一管理，车辆全套技术资料及登记证书、保险等相关资料统一管理。如有审车、出险等需要时，须经领导同意登记后方可提取，并在使用后及时交回，因保管使用不善造成的丢失、损害等由使用人负责；车辆行驶证要随车携带，妥善保管，出现丢失损坏的由驾驶员负责。

(4) 车辆使用由使用部门统一调度，严禁公车私用、私自出车等行为。除值班车辆外，其他车辆一律按规定存放到指定地点。

(5) 遵章守法，不超速行驶，不闯红灯，不乱停乱放，不违反交通规则，出现违章罚款的，单位一律不予报销。严禁酒驾，因酒后、醉酒驾驶出现的一切后果由驾驶员负责，并追究相关人员责任。

(6) 私自开车外出、擅自将所驾车辆交给非驾驶员驾驶，造成交通事故或车辆丢失的，由驾驶员承担其全部责任和经济损失。

(7) 使用科室要做好车辆使用统计，如实填写出车记录。

(8) 定期对车辆进行保养、维修，不脱保、不漏保；严格遵守出车前、行车中、收车后“三检”制度，确保各项安全装置处于良好状态，行驶中出现刹车、发动机异常等现象应立即停车检查，严禁带病作业，否则出现交通事故、车辆损坏的严格追究责任人责任。

(9) 全面做好夏季防爆、冬季防冻措施，配齐灭火器、三脚架等安全防护设施；严禁车内存放打火机、汽油等易燃易爆物品；冬季来临前及时更换防冻液、玻璃水，全面做好防冻工作。

(10) 随时保持车容整洁、车内清洁。尤其是后视镜、车后玻璃等影响视线的重要部位，要时刻保持可视度良好，确保行车安全。

(11) 禁止工作中随意停放车辆，下车作业时，应将车辆停放于安全地点，并锁好门窗；工作需要车辆慢行时，应将警示灯打开，小心驾驶。

三、机构内步行人员的交通安全管理规定

(1) 养老机构内任何单位和个人不得擅自移动、遮挡、占用、毁损交通标志、交通标线。

(2) 员工必须遵守交通安全规定，在主干线上行走时，要严格按照交通标志线行走：

① 横过道路必须走斑马线。

② 行人禁止在机动车道路内行走。

③ 不得选捷径横越护栏过道。

④ 无交通标志线或护栏的，靠右侧行驶，注意观察通过。

⑤ 夜间值班人员在院内行走，须佩戴反光背心或反光工作服，注意来往车辆，做到“一停、二看、三通过”，安全通行。

⑥ 冬季雪后人行道上的冰雪，责任部门必须第一时间安排清理，有斜坡和较滑的路段临时增加警示标识，提示慢行。

四、交通安全事故处理规定

道路交通事故是指车辆在道路上因过错或意外造成的人身伤亡或者财产损失的事件。

（1）在道路上发生交通事故，驾驶员应当立即停车，保护现场；造成人身伤亡的，驾驶员应当立即抢救受伤人员，或者拨打急救电话求救，并迅速报告执勤的交通警察或者公安机关交通管理部门。因抢救受伤人员变动现场的，应当标明位置。

（2）在道路上发生交通事故、未造成人身伤亡、当事人对事实及成因无争议的，可以即行撤离现场、恢复交通、自行协商处理损害赔偿事宜；不即行撤离现场的，应当迅速报告执勤的交通警察或者公安机关交通管理部门。

（3）在道路上发生交通事故，仅造成轻微财产损失，并且基本事实清楚的，当事人应当先撤离现场再进行协商处理。

（4）养老机构入住老人及员工发生轻伤事故的，直接由机构医务室进行处理，机构后勤部门对事故进行调查处理，调查处理结果及时上报给院长。

（5）交通重伤事故直接拨打 120，通知院领导及伤者家人，事故现场有关人员应积极配合，安抚其余老人，防止事态扩大；组成调查组进行调查，处理结果上报给院长。

（6）交通事故调查的主要内容是查明事故发生原因、过程和人员伤情，确定事故责任者，提出处理意见和防范措施的建议，重伤事故还要提交事故调查报告。

（7）事故调查应坚持“四不放过”的原则（原因不查清不放过，不采取改进措施不放过，责任人不受教育不放过，对事故有关的领导和责任人不查处不放过）。

（8）因忽视安全、违章指挥、玩忽职守或者发现安全事故隐患、危害情况而不采取有效措施以致造成交通事故的，养老机构立即予以开除，触犯刑律的移交司法机关追究刑事责任。